사회복지 프로그램 개발과 평가

– 제안서 작성의 실제 –

신원식 · 신근화

KNOWLEDGE COMMUNITY 공동체

Preface

우리가 바라는 사회복지는 과연 무엇을 통해 달성될 수 있을까? 가장 자주 이야기하는 것으로 사회복지에 관한 마인드(mind)가 중요하다, 사회복지 전문지식이 필요하다, 구체적인 변화기술(skill)이 핵심이다 등이 있다. 현실적으로 사회복지현장에서 사회복지의 근본적인 목표라고 할 수 있는 개인과 사회를 변화시키는 방법은 이 세 가지를 아우를 수 있는 사회복지 프로그램이다. 민간영역이든 공공영역이든 사회복지조직에서 조직목표를 달성하는 수단은 사회복지 프로그램이며, 사회복지 프로그램 개발과 평가는 사회복지현장에서 가장 중요한 요소이다. 사회복지와 관련된 어떠한 목표도 궁극적으로 프로그램을 통해서 달성될 수 있기 때문이다. 더구나 프로그램 기획과 평가에 대한 명확한 이해는 그 자체로서 하나의 중요한 실천기법을 습득하는 것일 뿐만 아니라 사회복지조직과 실천현장의 전반을 이해하는 필수과정이라고 할 수 있다.

제안서(proposal) 작성은 '전문적인 의사소통 과정'의 하나라고 할 수 있다. 사회복지조직 내에서 실무자가 상급자에게 업무와 관련된 결재를 받는 것과 제안서를 제출하여 지원기관으로부터 심사를 받는 것, 모두 의사소통의 과정이다. 의사소통이 제대로 되려면, 즉 상급자에게 결재를 얻거나 심사자가 제안서를 선정하도록 하려면, 그것이 설득력을 가져야 한다. 제안서나 결재서류가 설득력을 갖게 된다는 것은 '논리적 근거'를 가지고 있다는 것이다. 제안자 자신의 주관적인 생각이 아니라 경험적이고 객관적인 근거를 확보했을 때, 비록 가치관은 다를지라도 상대방(상급자 또는 심사자)은 설득을 당하게 된다. 즉, 제안자 자신이 중요하다고 생각하는 것을 다른 사람도 그렇게 인식하도록 만들어야 하는 것이다.

따라서 제안서는 작성자 외의 어느 누구나 이해할 수 있어야 한다. 나아가 제3자가 제안서만 보고도 프로그램을 실행할 수 있을 만큼 구체적으로 작성되어야 한다. 사회복지 프로그램 제안서를 심사하다 보면, 제안서만으로는 도저히 그 내용을 파악할 수 없고, 작성자와 실제 면접을 해봐야 이해할 수 있는 경우를 종종 본다. 제안자의 머릿속 '구상'이 제안서에 그대로 옮겨지지 않았기 때문이다. 아이디어나 지식이 부족해서가 아니라 아이디어를 표현하는 기술(know-how), 즉 제안서 작성능력의 문제이다.

제안서 작성과정은 예술이자 과학이라고 할 수 있다. 무언가 아이디어는 있는데 막상 제안서를 작성하려고 하면 쉽지 않는 경우가 많다. 우선적으로 하고자 하는 프로그램에 대한 큰 그림을 그리고, 프로그램을 통해 실질적으로 변화시킬 수 있는 것이 무엇인지 먼저 생각해 보아야 한다. 제안서 하나에 모든 것을 담으려 하지 말고, 자신이 속한 조직이나 자신이 할 수 있는 만큼의 내용이 담겨져야 한다.

이 책은 사회복지 프로그램에 관한 이론을 설명하거나 새로운 이론을 만들고자 하지 않는다. 사회복지(관련)학과 학생들이나 사회복지현장의 실무자들이 제안서를 작성할 때, 구체적인 방법과 실무적인 지침을 설명하고자 하는 것이 이 책의 목적이다. 이 책은 주로 사회복지공동모금회에 제출하는 제안서 작성요령에 관해 다루지만, 기업복지재단이나 정부지원을 요청할 때의 제안서 작성과 원리나 방법은 같다고 할 수 있다.

제안서를 처음 작성할 때는 어디서부터 시작해야 하는지, 어떠한 정보들을 구해야 하는지 막막할 때가 있다. 그러나 실제 제안서를 작성할 때 우리가 알아야 할 것들은 그다지 많지 않다. 제안서를 작성하면서 당장 필요한 것부터 가볍게, 부담 없이 이 책을 활용하면 된다.

이 책을 완성하는 데 많은 도움을 준 계명문화대학교 김만호 교수, 경북대학교 배성우 교수, 위덕대학교 임성옥 교수, 가야대학교 손지아 교수, 그리고 경상남도사회복지공동모금회 박은덕 사무처장과 신희정 팀장에게 감사를 드린다. 또한 사회복지 프로그램 개발과 평가 수업시간에 작성한 제안서를 부록으로 실을 수 있도록 정리해 준 경남대학교 사회복지학과 학생들(정예림, 최효정, 김은지, 서영애, 박현지)에게 감사의 마음을 전한다.

2016년 3월

신원식 · 신근화

Contents

PART 3 _ 프로그램 개요 및 사례

PART 1
사회복지 프로그램 개발의 이해

Chapter 1 사회복지 프로그램의 이해

Chapter 2 프로그램 기획

Chapter 01 사회복지 프로그램의 이해

1. 사회복지와 프로그램

1) 사회복지 프로그램이란?

사회복지의 목표는 개인과 사회를 변화시키는 것으로 이러한 목표를 달성하기 위한 도구로서 프로그램[1]을 활용한다. 프로그램이란 목록, 계획, 예정을 의미하며, 따라서 사회복지 프로그램이란 '개인과 사회를 변화시키기 위한 의도적이고 조직적인 활동'으로 정의된다. 사회복지조직에서 일상적으로 제공되는 서비스는 우연적으로 형성되는 것이 아니라 의도를 가지고 체계적으로 형성되는 조직화된 활동을 말한다. 여기서 '의도'란 개인이나 사회를 변화시키기 위한 '목표'를 가진다는 것을 의미한다. 이러한 측면에서 볼 때 사회복지 프로그램은 목적과 목표가 있고, 이를 달성하기 위한 조직체계 및 자원체계를 가지고 있으며, 이러한 체계의 구체적인 활동이 포함된다고 볼 수 있다. 목적과 목표는 프로그램이 달성해야 할 지향점을 구체화하거나 무엇을 위하여 수행되어야 하는지를 구체화한 것으로 사회복지 프로그램의 존재의 근거라고 할 수 있다(우수명, 2007).

1) 다양한 형태의 사회복지활동들은 프로그램(program) 혹은 서비스(service)라는 용어로 불리며, 사회복지현장에서는 함께 사용되고 있다. 엄밀하게 구분하자면, 서비스는 클라이언트가 사회복지활동을 권리로써 향유하고, 누린다는 의미가 강하고, 사회복지기관에서 클라이언트에게로 일방적인 서비스 제공이 이루어지는 경향이 강한 반면, 프로그램은 클라이언트가 사회복지활동의 대상뿐만 아니라 주체가 되거나 주요 구성원으로 참여할 수 있는 의미를 내포하고 있고, 사회복지기관과 클라이언트와의 쌍방향의 활동이 이루어지는 경향이 강하다고 볼 수 있다. 사회복지적 관점에서는 클라이언트의 존중이라는 개념을 모두 포함하고 있어 동일하다고 볼 수 있다(우수명, 2007).

사회복지조직의 존재의의라고 할 수 있는 사회문제 해결과 클라이언트의 욕구충족은 결국 프로그램을 통해 달성될 수 있다. 사회복지조직은 한정된 자원으로 사회문제 및 지역사회 변화를 위해 프로그램을 기획하고 실행한다. 그러나 프로그램을 통해서 전문적인 서비스를 제공하는 것이 사회복지조직의 고유한 전략이어야 함에도 불구하고, 사회복지실천현장에서 바로 적용할 수 있는 프로그램 개발 이론은 구제적인 틀을 갖추지 못하고 있다. 프로그램 개발에 관한 교육, 실천현장에서의 개발활동이 증대하고 있음에도 불구하고, 프로그램 개발에 관한 연구성과는 사회복지의 타 영역에 비해 상대적으로 저조한 실정이다.

사회복지조직에서 프로그램을 개발한다는 것은 문제의 인식·발견에서부터 프로그램 결과의 전파까지 포함하는 일련의 문제해결 과정(problem solving approach)이다. 따라서 프로그램 개발(program development)은 단순히 프로그램 설계(program design)의 개념을 넘어서는 것이다.

참고자료

사회복지 프로그램의 성격

- 사회복지 프로그램은 조직의 목표달성을 위한 하나의 수단이다.
- 정부 또는 민간 사회복지조직을 통해 제공된다.
- 서비스를 제공받는 사람(수혜자)에게 초점을 둔다.
- 특정 프로그램은 조직 내부의 다른 프로그램이나 다른 직원, 그리고 외부조직과 상호 영향을 주고받는다.
- 조직목표의 범위를 벗어나지 않는 프로그램이어야 한다. 그렇지 않으면 조직효과성이 낮아지게 된다.
- 조직의 인적·재정적 역량을 파악하고 문제와 대상자 수 등을 조직역량에 조화(match)시키는 것이다.

의사가 인간의 신체를 이해하고 의료기술을 습득해야 진료를 할 수 있고, 변호사가 법률을 이해하고 변론기술을 습득해야 변호활동을 할 수 있듯이, 사회복지사는 사회문제에 대한 이해와 프로그램 기획능력이 있어야 제대로 된 실천을 할 수 있다. 그러나 사회복지 프로그램 개발에 대한 방법과 이론적 틀을 명확히 제시하기가 쉽지 않은 것은 사회복지 프로그램의 특성이 너무 다양하여 표준화(standardization)하기 어렵기 때문이다. 또 지역과 기관마다 여건이 다르고, 대상자들의 특성이 다르기 때문이다.

사회복지 프로그램은 다양한 지역적 환경, 조직의 특성, 클라이언트들의 속성 속에서 수행된다. 이러한 점 때문에 프로그램을 표준화하는 것이 어렵지만 그렇다고 기본적인 유사성이 있다는 점을 간과해서는 안 된다. 사회복지 프로그램은 일반적 특징, 기획과정에서의 구성요소, 그리고 중요한(important) 측면에서는 상호 비교할 수 있기 때문이다(Pawlak & Vinter, 2004).

또한 사회복지 프로그램은 욕구 혹은 문제를 가진 대상자들에게 서비스를 제공하기 위해 설계된다는 점, 그리고 민간비영리 조직이든 정부조직이든 서비스 제공자는 특정 지역이나 상황 속에서 클라이언트와 직접적인 상호작용을 하면서 서비스를 제공한다는 사실이다.

서비스는 수혜자를 위해서, 수혜자와 함께 수행하는 구체적인 활동으로 이해할 수 있고, 프로그램은 목표를 위해 구성된 서비스들의 복합체라고 간주할 수 있다(Pawlak & Vinter, 2004). 예를 들어, 직업능력 검사(occupational testing)나 직업훈련서비스(occupational training services)는 고용 프로그램과 연결될 수 있고, 이 둘은 또한 취업알선 서비스(job placement services)와도 연결될 수 있는 것이다.

2) 조직효과성과 책무성

사회복지조직에서 책무성(accountability)은 책임성(responsibility)보다 넓은 개념으로, 사회가 사회복지조직에 부여한 임무(조직의 고유목표)를 완수하는 것이다. 즉, 사회복지 프로그램 혹은 조직이 주어진 자원을 가지고 어떤 구체적인 목적을 얼마나 효과적 또는 효율적으로 달성했는가 하는 것을 객관적으로 증명할 것을 요구하는 것이라고도 할 수 있다(김통원, 2003). 책임성이 과업의 수행에 대해 책임을 지는 것이라면, 책무성은 그 수행의 정당성까지 포함되는 개념이다(정무성

·정진모, 2001). 사회복지기관에서 책무성이 중요한 이유는 대부분 프로그램의 예산은 세금으로 형성된 정부의 공적 재원이거나 시민들이나 기업에 의하여 조성되어 기부된 후원금과 같은 공공재원에 의하여 형성되는 경우가 대부분이기 때문이다. 따라서 사회복지기관이 마음대로, 임의대로 사용할 수 없음과 동시에 사용에 대한 사회적 또는 위탁에 대한 책임을 져야 하는 문제가 제기되는 것이다(우수명, 2007).

책무성은 조직목표 달성과 직접적으로 관련되는 것으로, 사회복지조직의 비효율성, 약한 경쟁력, 도덕적 해이, 공금유용 등은 책무성을 약화시키는 요인들이다. 책무성의 문제를 해결하기 위해서는 행정적인 차원에서 수행성과(performance), 법규의 준수성(compliance), 직원의 자질 등에 대한 정확한 통제와 관리가 요구된다.

우리나라에서 사회복지조직의 책임성에 대한 관심이 커지기 시작한 것은 1997년 외환위기 이후라고 할 수 있다. 김대중 정부 이후 한국 사회복지는 공공부조나 사회보험 영역에서 어느 정도 양적 확대를 가져왔다. 그에 이어 사회복지서비스의 양적 팽창에 따른 효과성 검증 압력이 강해졌다. 이러한 현상은 1997년 외환위기 이후 구조조정 압력과 함께 더욱 심해졌고, 지속적인 경제성장의 둔화와 함께 앞으로도 더욱 강화될 것이 분명해 보인다. 신자유주의 세력의 득세로 경제성장 우위의 담론이 지배적인 위치를 굳히고 있으나, 이에 대해 사회복지계는 뚜렷한 대응책을 내놓고 있지 못하다. 이러한 외부로부터의 효과성, 효율성 제고의 압력과 더불어 사회복지실천현장으로부터의 전문성 제고를 위한 내부적 압력도 더해지고 있는 실정이다.

그러나 비영리 조직인 사회복지조직에서 효과성을 측정하는 것은 그리 쉽지 않다. 그 이유는 두 가지로 볼 수 있는데, 첫째, 활동의 대상이 인간이기 때문에 변화를 측정하기 어렵다는 점이다. 둘째, 사회복지서비스의 가격을 결정하는 기제가 명확하지 않기 때문이다.[2)]

2) 사회복지서비스는 원가분석에 있어서 근본적인 어려움이 있다. 사회복지서비스는 같은 서비스라 할지라도 제공자에 따라 다양하게 나타나며, 최종산출물이 무형의 서비스이기 때문에 분명하지 않고, 같은 서비스를 제공하더라도 서비스 대상의 상태에 따라 투입되는 자원의 종류와 양이 다르다. 결국 비슷한 서비스이더라도 동일한 가격을 매기기가 힘들고, 서비스의 종류도 너무나 다양하고 복잡하여 일정한 틀에 따라 공통비용(간접비)을 배부하는 것이 어렵다는

최근 들어 사회복지의 양적 확대가 어느 정도 이루어짐에 따라 사회복지 예산이 증가하게 되었다. 이와 더불어 사회복지서비스의 효과성에 대한 의문도 지속적으로 제기되고 있다. 사회복지 예산이 늘어난 만큼 일반 국민들이나 특정 서비스의 클라이언트들의 만족도는 향상되지 않았기 때문이라고 볼 수 있다. 이는 공공부조 등의 공공 사회복지 분야뿐만 아니라 민간 사회복지기관에서 제공되는 서비스들에서도 마찬가지이다.

이러한 문제를 극복하는 데 가장 중요한 것 중의 하나는 현장의 사회복지사가 사회문제와 프로그램을 이해하는 것이다. 변호사가 법 체계를 이해해야 하고 의사가 인간의 신체를 이해하는 것과 같은 맥락에서, 사회문제와 프로그램을 이해하는 것은 현장의 사회복지사들에게 필수적으로 요구되는 자질이다.

Tip

프로그램을 기획한다는 것은 조직의 역량과 해결해야 할 문제를 체계적으로 조화(match)시키는 작업이다. 조직의 역량을 넘어서는 사업을 무리하게 진행하고자 할 때 해당 문제를 해결하고자 하는 목표를 달성할 수 없을 뿐만 아니라 오히려 구성원의 사기만 저하시키는 결과를 가져온다.

또한 기획과정에서 기획가가 사회적 · 정치적 맥락을 고려하는 것은 필수적이다. 경험 있는 기획가는 사례연구나 보고서에 사회적 · 정치적 맥락뿐만 아니라 잠재적 위험에 대해서도 명확히 기술한다(University of Kansas, 2004). 사회적 · 정치적 접근은 특정 기획이나 활동내용이 성공할 것인지, 실패할 것인지, 아니면 현상 유지할 것인지에 대한 명확한 판단을 내릴 수 있게 한다. 세부적인 행동방침을 설정하기 위한 이러한 접근은 실천가들이 변화를 촉진하거나 방해하는 관계와 상황들을 그리고 목표달성을 위한 활동내용들을 분명하게 설정할 수 있게 해준다(Pawlak & Vinter, 2004).

일반적으로 책무성의 종류는 다음의 아홉 가지로 나누어 볼 수 있다(Rossi & Freeman, 1993; Hadley & Mitchell, 1995; 김통원, 1999).

특성을 갖는다(최재성 · 최상미, 2008).

① 적용 책무성(Coverage Accountability)

사회복지서비스를 제공하고자 하는 대상들은 누구이며 어떠한 특성을 가진 대상자를 선택할 것인가?, 그리고 그들에게 제공되는 서비스의 내용은 무엇인가? 등이 프로그램의 대상자 적용에 관한 책무성이다.

② 서비스 전달 책무성(Service Delivery Accountability)

서비스 전달체계에 관한 것으로 사회복지서비스가 계획에 따라서 잘 진행되도록 하며, 또 자격이 있는 직원에 의해서 서비스가 제대로 전달되도록 책임을 갖는 것을 의미한다.

③ 영향 책무성(Impact Accountability)

서비스를 받은 대상자들이 처음 의도한 대로 바람직한 변화가 발생했는가에 대한 책임을 말한다.

④ 효율성 책무성(Efficiency Accountability)

제공된 서비스에 대한 비용적인 효율성이 제대로 이루어졌는지에 대한 책임이다.

⑤ 재정적 책무성(Fiscal Accountability)

재무회계와 관련한 집행 및 보고에서 투명성에 대한 책무성을 의미한다.

⑥ 법률적 책무성(Legal Accountability)

모든 서비스는 법에서 요구하는 책무성이나 계약에 의한 조건들을 준수해야 한다. 예컨대 개인 비밀보장과 서비스 제공에서의 동등한 기회부여 등이 포함된다.

⑦ 윤리적 책무성(Ethical Accountability)

법에 규정된 책무성이나 계약에 의한 조건들에 없는 경우에는 윤리적인 책무성이 요구된다. 예를 들어, 사회복지사 윤리강령의 내용이 여기에 포함된다.

⑧ 이미지 책무성(Image Accountability)

사회적 역할 가치화(SRV : Social Role Valorization) 이론에 의하면, 클라이언트들에 대한 사회적 이미지는 매우 중요하다. 그들에 대한 사회적 이미지에 따라서 사회로부터 부당한 가치평가절하를 받을 수 있기 때문이다(Wolfensberger, 1983; 김통원, 1995).

⑨ 욕구 책무성(Need Accountability)

클라이언트의 욕구에 부응하는 것은 사회복지 프로그램의 가장 중요한 목표가 된다. 클라이언트 중심으로 서비스를 제공하기 위해서는 욕구에 대한 책무성이 요구된다.

사회복지조직의 책임성 확보를 위한 효과성은 궁극적으로 프로그램이 목표를 성취하는 정도와 관련되어 있다. 사회복지 프로그램의 효과성에 대한 일차적인 관심은 사회적 목표의 성취 여부에 달려 있는데, 이때 주로 사용되는 지표가 '서비스의 질(quality of service)'이다.

정부자금을 지원받는 프로그램의 경우 책무성을 위한 표준은 재무, 효율성, 결과의 영역에서 제시된다(The Comptroller General of the U.S.A.; 김통원, 1999). 즉, 자금이 목적에 맞게 제대로 사용되었는가?, 경제적으로 잘 사용되었는가?, 그리고 어느 정도의 효과성을 가져왔는가? 등이다.

미국 감사원(The Comptroller General of the USA)은 정부 자금을 사용하는 프로그램의 책무성을 위한 표준을 재무, 효율성, 결과 등 세 가지 영역으로 제시하였다.

① 재무 : 자금이 목적에 부합하여 제대로 사용되었나?

② 효율성 : 경제적으로 잘 사용되었나?

③ 결과 : 어느 정도의 효과성을 가지고 왔는가?

다시 시작해!

1. 책무성과 책임성이 구체적으로 어떻게 다른지 고민해 보고, 사회복지현장에서 책무성이 요구되는 경우와 책임성이 요구되는 경우를 찾아 이해해 보자.
2. 프로그램 기획의 궁극적인 목적이 무엇인지 고민해 보고, 프로그램 기획 시 고려해야 할 사항에 대하여 이해해 보자.

2. 프로그램의 개념

1) 프로그램의 정의

현대사회에서 프로그램은 우리가 가장 흔히 사용하는 전문용어 중의 하나이다. 프로그램(program)은 구체적으로 앞으로 진행될 일에 대한 예정 또는 계획을 체계적으로 정리한 목록을 의미한다. 프로그램이란 조직이나 기관을 전제로 하며, 그곳에서 추진되는 사업 또는 프로젝트라고 할 수 있다. 사회복지정책, 실천, 서비스 또한 조직의 목적달성을 위한 다양한 지침과 활동체계로 이해할 수 있기 때문에 프로그램과 이러한 개념 간의 구별이 애매모호하다. 여기서는 대표적인 학자들의 정의를 기초로 하여 프로그램의 본질적인 개념을 파악해 보고자 한다.

로이스와 동료들(Royse et al., 2001)에 의한 정의는 사회복지 영역에서 가장 활발하게 적용되고 있다. 프로그램은 '특정 목적을 달성하기 위해 설계된 조직화된 활동들의 모임(organized collection of activities)'이라고 정의하였다. 프로그램의 개념에서 심층적으로 내재된 중요한 두 가지 구성요소는 문제와 조직화된 활동이다.

국내에서 사회복지 프로그램에 대한 정의는 정무성(2005), 황성철(2005), 김영종(2007), 이민홍·정병오(2012) 등의 개념화가 가장 빈번하게 인용되고 있다. 황성철(2005)은 "특정한 목적달성을 위하여 자원과 기술이 투입되어 일정한 절차에 따라 이루어지는 조직의 계획적인 활동체계"라고 프로그램을 개념화하였다. 기존 국내외 학자들의 사회복지 프로그램의 개념을 종합해 보면 사회복지 프로그램은 "사회복지 관련 목적을 달성하기 위하여 자원과 기술이 투입되어 일정한 절차에 따라 이루어지는 조직의 계획적인 활동집합체"로 정의할 수 있다.

2) 프로그램의 구성요소

체계이론은 사회복지 프로그램이 어떻게 작동되는지를 이해하는 데 오랫동안 사용되어 왔다. 체계이론에서 각 체계는 상호 의존적이며, 역동적인 특성을 갖는다. 체계는 복잡한 기능으로 재원(resource)을 '투입(input)'하고, '과정(process)'을 거쳐서 '산출(output)'하는 단계를 거친다. 사회복지 프로그램과 관련해서는 이 세 가지에 더해 프로그램의 결과로 나타난 대상자들의 변화, 즉 '성과(outcome)'가 도출된다.

Input (투입)	→	Process (과정)	→	Output (산출)	→	Outcome (성과)
• 프로그램에 소요된 자원 • 예 : 자금, 실무자와 실무자 활동시간, 자원봉사자와 자원봉사자 활동시간, 시설 · 장비와 소모품 등		• 임무를 수행하기 위해서 프로그램에서 투입으로 활동하는 것 • 예 : 직업훈련 제공, 무료급식 제공, 청소년 상담 등		• 프로그램 활동의 직접적 산물 • 예 : 직업훈련을 수료한 사람의 수, 수행한 상담시간, 프로그램의 참여자 수 등		• 프로그램 참여자들에게 나타난 변화 • 예 : 직업기술 향상, 대인관계 능력 증진 등

|그림 1-1| 프로그램의 구성요소

(1) 투입

프로그램에 소요되는 인적 · 물적 자원을 말한다. 자금, 직원 및 직원의 근무시간, 자원봉사자 및 활동시간, 시설, 장비, 그 밖의 공급물이 포함된다. 투입에는 규제나 기금을 받기 위한 요구조건 등과 같은 제약요인도 포함된다.

사회복지기관이 프로그램을 통해 어떤 클라이언트들이 혜택을 받는가, 기대되는 서비스를 제공하기 위해서 어떤 직원들을 고용할 것인가, 필요한 자원, 장비, 시설은 무엇인가 등을 고려해야 한다.

투입단계에서 고려해야 할 사항으로는,

첫째, 이 프로그램과 관련하여 어떤 클라이언트들이 이득을 보게 되는가?

둘째, 기대되는 서비스를 제공하기 위해 어떤 직원들이 고용될 것인가?

셋째, 필요한 자원, 장비, 시설은 무엇인가? 등이다.

(2) 전환

프로그램의 목표를 달성하기 위해 투입물들을 가지고 행하는 활동이다. 서비스 방법론을 구성하는 전략, 기법, 치료 유형 등이 포함된다. 사회복지사는 전환과정에서 기획단계에서 정의한 클라이언트와 그 문제에 적합한 서비스의 종류, 그리고 서비스의 내용 및 개입방법을 어떻게 할 것인가 고려해야 한다.

전환과정에서는 클라이언트와 그 문제해결에 적합한 서비스의 종류, 그 서비스의 업무내용 및 개입방법은 무엇인가 등이 고려되어야 한다.

(3) 산출

산출은 프로그램 활동의 직접적인 생산물로 보통 완결된 업무의 양적인 측면을 말한다. 소위 '실적'이라고 할 수 있는데 그 자체로 고유한 가치는 거의 없다. 산출의 예로는 실시한 상담의 회기 수, 서비스를 받은 클라이언트의 수, 나누어 준 홍보자료의 수 등을 말한다.

사회복지사는 기대하는 결과를 얻기 위해 최소한의 서비스의 양이 어떠해야 하는지를 고려해야 한다. 산출단계에서의 고려사항은 기대하는 결과를 얻기 위한 서비스의 양과 질은 어느 정도인가 등이다.

(4) 성과

프로그램의 실시결과 개인 또는 대상 인구집단에게 일어나는 변화를 말한다.

프로그램의 산출물에 영향을 받으며, 성과는 사회복지 프로그램이 추구하는 목표라고 할 수 있다.

성과단계에서 고려되어야 할 사항으로는,

첫째, 기대하는 결과는 무엇인가?

둘째, 프로그램의 한계상 어쩔 수 없이 얻게 되는 결과는 무엇인가? 등이다.

예를 들어, 환경캠페인의 산출물은 개최된 회의의 수, 행사에 참가한 주민들의 수가 될 수 있고, 성과는 대상 인구집단이 받은 혜택인데 안전을 위협하는 위험물질로부터의 노출 감소, 쓰레기 배출량의 감소, 해당 지역에 대한 자부심이 증가했다는 것 등이다.

Tip

프로포절은 사회복지전문가 회의에서 심사한다. 심사자들의 명단은 공개되지 않지만 대개 대학교수, 기관 · 시설장, 정부의 공무원, 기타 지역사회 인사들로 구성된다. 심사자들은 대부분 사회복지전문가들이기 때문에 프로포절이 사회복지학계에서 일반적으로 받아들여지고 있는 이론에 바탕을 두고 있기를 바란다.

참고자료

프로그램 설계의 구성요소

1) **참가자(클라이언트)**

프로그램의 성공 여부는 클라이언트에게 달려 있다. 실무자는 클라이언트 개개인의 특성에 대한 이해가 필요하고, 클라이언트의 배치와 편성에 신중한 배려가 필요하다. 참가대상을 명확히 하기 위해서는 클라이언트의 속성을 체계적으로 분석(개별화)해야 한다.

2) **실시주체**

프로그램의 실시주체(예 소속된 사회복지기관)가 지향하고자 하는 의도가 무엇인지를 정확하게 파악하여 그것을 프로그램에 반영한다.

3) 활동내용

활동내용을 선택하고 편성하는 데 유의할 사항은 다음과 같다.

(1) 활동내용을 세분화

① 프로그램의 목표, 주제, 방침 등 맥락을 중시
② 개인 및 집단에 있어서 중요도를 검토
③ 내용의 긴급성 정도를 판단
④ 클라이언트의 수준을 고려
⑤ 새로운 지식, 기술, 정보의 습득과 관련되는 내용의 신선도 등

(2) 활동내용의 실시방법 및 장비/ 도구 등과 관련시켜 선정 · 편성

① 프로그램에 적합한 다양한 형태의 방법
② 클라이언트의 특성에 적합한 활동내용의 이해를 도울 수 있는 방법
③ 활동내용과 클라이언트의 특성과 수준에 적합한 매체
④ 지도자의 경험과 능력에 적합한 방법론
⑤ 클라이언트의 주체성과 자주적 활동을 촉진할 수 있는 것 등

(3) 활동의 연속성 및 발전성을 고려하여 선택하고 편성

(4) 프로그램 내용의 양과 질을 고려하여 선택하고 편성

① 요구되는 활동과 필요한 활동 사이의 불일치
② 클라이언트의 요구와 지도자의 활동내용의 차이
③ 클라이언트에게 부담이 가지 않을 정도의 시간, 횟수 등 양과 질의 문제를 결정

4) 실시방법 선택 시 고려사항

(1) 목표달성에의 효과성
(2) 제공되는 내용의 질과 양에 대한 적절성
(3) 적절한 장비와 도구의 이용가능성
(4) 지도자 및 클라이언트의 경험능력에 대한 적합성
(5) 참여의 효과를 높이기 위한 두 개 이상의 방법의 혼용가능성

5) 장비와 도구 선택 시 고려사항

(1) 활동목표, 주제, 내용, 방법에 대한 적절성
(2) 클라이언트의 경험 및 기술수준
(3) 매체에 대한 지도자의 이해도 및 숙련도
(4) 지역성 및 클라이언트의 일상생활과의 긴밀성

6) **실시시간**

프로그램을 편성하는 데에는 프로그램 실행의 시기, 시간대, 총 시간 수 등 시간적인 요소가 고려되어야 한다.

7) **환경 및 장소**

프로그램의 목표를 달성할 수 있는 장소, 그리고 클라이언트의 성향, 행동양식 등과 같은 비언어적 행동의 변화는 활동환경의 분위기에 영향을 받기 때문에 활동환경에 대한 검토가 필요하다.

8) **프로그램 담당자**

프로그램 운영의 성공 여부가 담당자에게 달려 있다. 프로그램 담당자는 슈퍼바이저, 직원, 자원봉사자 등으로 구성되는데, 프로그램에서 담당하는 역할이 구체적으로 명시되어야 한다.

9) **예 산**

프로그램의 예산은 세부 목표별로 인건비, 사업비, 관리비, 수용비 등의 항목으로 구분하되, 단위당 비용산출이 가능하도록 기술한다.

10) **평가계획**

프로그램의 성과를 평가하기 위해서 각 단계의 유의사항 및 평가의 대상, 주체, 시기, 도구 등을 프로그램 편성 시 미리 구성하여야 한다.

3) 프로그램의 유형

사회복지 프로그램을 기획하고 새로운 프로그램을 개발하기 위해서는 사회복지 프로그램에 어떤 유형이 존재하는지를 이해해야 한다. 이는 자신이 설계하고 싶은 프로그램을 보다 잘 기획할 수 있을 뿐만 아니라 새로운 유형의 프로그램까지 만들 수 있기 때문이다.

특히 사회복지 프로그램의 유형은 어떠한 관점에서 보는가에 따라 다양한 형태로 구분될 수 있다. 사회복지 프로그램의 유형을 활동내용별 유형, 연속성 유형, 활동영역별 유형, 프로그램 제공유형, 재원조달 유형에 따라 구분한 우수명(2005)의 기준에 따라 분류해 보면 다음과 같다.

(1) 활동내용별 유형 분류

① 전문임상 프로그램 : 개별화된 대상의 내부적 문제나 심리적 문제를 해결하거나 원조하기 위하여 수행되는 프로그램으로 심리정서, 임상치료, 소집단, 재활, 개별보호 등이 있다.

② 문화생활 프로그램 : 일반인의 일상생활과 관련이 있으며, 보편적인 삶의 질을 높일 수 있는 여가 프로그램으로 축제행사, 역사문화, 야외캠프, 취미교양, 건강체육, 사회교육, 교류친교 등이 있다.

③ 사회연계 프로그램 : 사회복지기관과 지역사회의 외부자원 연결, 활동주체들 간의 연계활동, 지역사회 중심의 교육훈련이나 사회개발과 같은 지역사회 중심의 네트워크 활동이 중심이 되는 프로그램으로 홍보마케팅, 사회보호, 교육훈련, 자조모임, 자원봉사 등이 있다.

④ 사회운동 프로그램 : 사회적 제도의 변화 또는 구성원의 진보적 변화와 같은 사회적 변화를 위한 활동으로 권익보호, 자치조직화, 의식화 등이 있다.

⑤ 사회보장 프로그램 : 국가에 의하여 이루어지거나 공적 전달체계에 의하여 제공되는 프로그램으로 공교육, 생계비 지원, 의료보장, 자활지원사업, 고용보장이 해당된다.

(2) 연속성 유형 분류

① 일회성 프로그램 : 프로그램이 일회성으로 끝나는 이벤트성이나 캠페인성 활동으로 행사, 캠페인, 축제가 있다.

② 연속성 프로그램 : 프로그램이 연속적으로 이어지거나 반복적으로 수행되는 프로그램으로 대부분의 사회복지 프로그램이 해당된다.

(3) 활동영역별 유형 분류

① 개별 프로그램 : 한두 명의 사회복지사에 의하여 제공되는 프로그램으로 개별 전문상담의 경우를 말한다.

② 팀 프로그램 : 서비스를 제공하는 과정 속에서 자신의 업무담당에 따라 프로그램에 직·간접적으로 투입되거나 역할분담 속에 진행되는 경우를 말한다.

③ 지역사회 연계 프로그램 : 한 사업수행 주체가 다른 한곳 이상의 사회복지기관이나 클라이언트 그룹과 함께 공동사업 또는 협조적 지원사업을 수행하는 형태로 진행되는 프로그램으로 네트워크 프로그램, 통합사례관리가 이에 해당한다.

④ 국가 제도적 프로그램 : 프로그램 주 대상이 국민이나 대다수의 시민들이며, 프로그램의 수행주체는 국가 또는 민간단체 또는 민간합동으로 수행되는 경우가 대부분으로 5대 보험과 국민기초생활 보장법 등이 이에 해당된다.

⑤ 사상 프로그램 : 사상을 고취시키거나 의식화 또는 학습시키기 위하여 이루어지는 프로그램으로 전통예절교실, 도덕성 회복운동, 의식화 교육이 해당된다.

(4) 프로그램 제공 유형별 분류

① 직접제공 프로그램 : 상담과 같이 사회복지사가 직접 클라이언트를 만나 제공하는 프로그램으로 대부분의 사회복지 프로그램은 직접제공 유형이 많다.

② 간접제공 프로그램 : 사회복지 프로그램이 원활하게 이루어지도록 원조하는 행정적 영역이나 사회보장제도와 같이 제공되는 형태의 프로그램이다.

(5) 재원조달 유형별 분류

① 공공재원형 : 프로그램의 재원이 주로 세금과 같은 정부의 기금, 즉 공공

재원에 의하여 수행되는 프로그램으로 중앙정부, 지방자치단체에서 실시하는 민간위탁사업의 경우 대부분 해당된다.

② 민관혼합형 : 프로그램의 재원이 공공재원과 민간재원이 비슷한 비중으로 혼합되어 있는 프로그램으로 정부지원금과 후원금으로 운영되는 경우를 말한다.

③ 민간재원형 : 시민회원들의 자발적 성금에 의하여 운영되거나 종교기관에서 재정을 전담하여 운영하는 기관의 프로그램들이 포함된다.

참고자료

프로포절 심사기준

① 효과성

효과성은 두 가지 측면에서 고려될 수 있다. 첫째, 이 프로그램은 확인된 문제를 해결하기 위한 목표설정이 적절한가, 그리고 활동내용들이 타당성 있게 구성되었는가이다. 여기서는 해결하고자 하는 문제의 원인이 구체적으로 분석되었는지와 그에 따른 목표설정과 활동내용의 구성 등을 보게 된다.

② 필요성

프로그램의 아이디어가 지역사회에서 필요로 하는 문제를 다루고 있는가의 문제이다. 지역사회의 문화적 특수성과 다양성이 반영되는지의 문제이고, 기존에 다른 조직에서 실시하고 있는 프로그램들과의 관련성도 고려된다.

③ 문제의 심각성 및 중요성

프로그램의 내용이 긴급히 해결되어야 할 사회문제인지, 즉 이 프로그램이 실시되지 않았을 경우 예측할 수 있는 피해에 대해 서술한다. 심사자들이 프로포절 작성자를 면접할 때 "이 프로그램이 선정되지 않는다면 앞으로 어떻게 추진할 것인가?"라는 질문을 한다. "지원을 받지 않으면 이 프로그램은 진행할 수 없고, 문제상황이 지속된다. 반드시 지원을 받고 싶다"라는 대답은 오답으로 간주할 수 있다. 제안자의 의지가 약하게 비쳐지고, 결국 문제의 심각성이 크지 않다는 것을 반증하는 것이다. 그렇다면 정답은? "정부보조금을 신청해 보거나 다른 재단에 지원신청을 해볼 것이다. 모든 수단을 동원해서라도 이 프로그램은 반드시 진행할 것이다. 그렇지만 귀 기관에 지원한다면 훨씬 효과적으로 프로그램을 진행할 수 있을 것 같다."

④ 실현가능성

프로그램의 아이디어가 기관이 수용할 수 있는 범위 내에 있는지, 즉 기관의 재정적 역량과 실무진의 업무능력이 프로그램을 능히 수행할 수 있는가의 문제이다. 이 영역은 주로 기관 현황이나 지금까지의 프로그램 수행실적 등으로 제시된다.

⑤ 전문성

다른 기관에서는 이 문제를 어떻게 다루고 있는가? 그리고 다른 기관의 프로그램과 차별화된 내용을 가지고 있는가? 등에 관한 내용이다.

⑥ 사회복지조직의 평판

지역주민들이나 지역사회의 다른 조직들이 기관을 지지하고 있는가, 이전에 지원받은 프로그램의 평가결과가 어떠한가는 중요한 심사기준 중의 하나이다.

⑦ 프로포절 작성에 대한 채점

- 목적, 목표, 활동내용과 예산 평가기준이 체계적으로 서술되었는가?
- 클라이언트이 욕구나 사회문제에 대한 진술이 구체적인가? 그리고 이러한 문제는 심각한 수준인가? 특히 클라이언트들의 욕구는 일반적인 것이 아니라 장래에 이 프로그램의 대상자가 될 가능성이 있는 잠정적인(potential) 클라이언트들의 문제가 정확히 파악되었는가 등을 본다.
- 문제의 양이나 프로그램의 규모에 적절한 예산이 편성되었나? 간혹 프로포절 작성자들은 실제 필요한 예산보다 많은 액수를 신청하는 경우가 있다. 심사과정에서 약간의 삭감이 있을 것으로 예측하고, 필요한 것보다 과다한 예산을 배정한다는 것이다. 이것은 프로포절 자체에 대한 신뢰를 떨어뜨리는 것이고, 결국 이러한 프로포절은 탈락하게 된다.
- 프로그램 수행을 위한 기관의 능력은 적절한가? 부족하다면 신규직원 채용이나 직원 재교육 프로그램은 계획되어 있는가?
- 프로그램의 목표달성에 대한 평가체계는 구체적인가? 최근 들어 사회복지공동모금회에서는 성과(outcomes)평가에 대해 부쩍 강조하고 있다.

Chapter 02 프로그램 기획

1. 프로그램 기획의 개념과 필요성

기획(planning)이란 구체적인 행동을 실행함에 앞서 그에 대한 일련의 계획을 수립해 나가는 과정으로, 목적이나 행동을 생각하는 특정한 방법을 의미한다. 특히 기획을 이해하기 위해서는 계획의 의미를 이해할 필요가 있는데, '계획'이란 기획의 과정을 통해서 얻어진 산출물로서, 어떤 일을 하기 전에 내용, 방법, 순서, 규모 등을 미리 생각하여 세운 내용을 의미한다(표준국어대사전, 2012). 기획은 역동적이고 지속적인 의사결정의 과정이며, 계획은 기획의 결과물로서 정태적인 설계, 지도, 청사진을 의미한다. 사회복지 분야에서 기획이란 일반적인 기획의 의미와 특징을 공유하지만 사회복지 프로그램 기획은 사회현실, 다시 말하면 사회문제와 욕구를 주제로 한다는 점에서 차이가 있다(Midgley & Piachaud, 2004, 김상곤 · 최승희 · 안정선, 2012 재인용).

프로그램을 기획한다는 것은 자신이 속한 조직의 역량과 해결해야 할 클라이언트들의 욕구나 사회문제를 양적으로 조화(match)시키는 것이라고 할 수 있다.

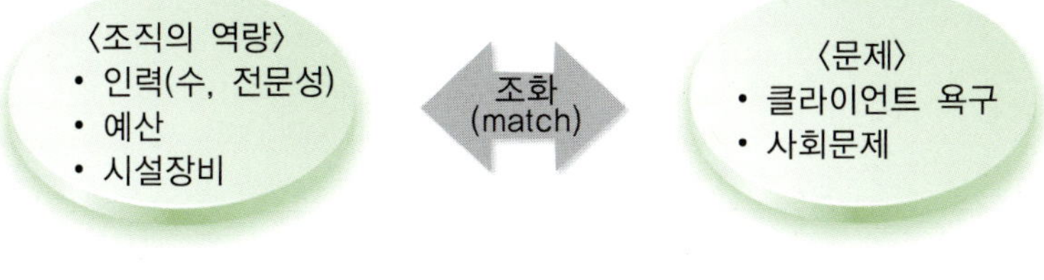

|그림 2-1| 프로그램 기획에서 조직의 역량과 사회문제

기획은 단순히 제안서(proposal)를 작성하기 위해 서비스 단계들을 계획하는 것이라기보다는 특정한 사회문제를 해결하기 위해 해결의 우선순위를 결정하는 의사결정 과정이다(York, 1984). 사회문제의 원인을 확인하고 규정하며, 문제해결에 필요한 자원의 확보, 그리고 프로그램 설계과정에서 대안을 확인하고 선택하는 일련의 절차가 기획이라고 할 수 있다(Kahn, 1967; 김영종, 2003).

프로그램 기획자가 무언가의 단순한 아이디어 몇 개를 가지고 곧바로 프로포절을 작성하려고 하면 쉽게 써지지 않는 경우가 많다. 이것은 해결해야 할 문제에 대한 구체적인 분석이 이루어지지 않아 하고자 하는 프로그램에 대한 큰 그림이 그려지지 않았기 때문이다.

프로그램에 대한 큰 그림을 그리고자 한다면 프로그램 기획자가 실제 프로포절을 작성하기 전에 준비해야 할 사항들이 몇 가지 있다. 이것은 프로그램에 대한 구체적인 윤곽을 잡는 것으로써, 문제인식 국면과 프로포절 작성 국면 두 단계로 나누어진다.

〈표 2-1〉 프로포절 작성과정에서 주요 점검사항

국면 / 단계	문제인식 국면	프로포절 작성 국면
문제분석	• 경제적 · 정치적 · 사회적 측면에서 당면한 사회문제는 무엇인가? • 이 문제로 인해 문제가 되는 상황은 무엇인가?	• 이 문제로 인한 대상집단의 규모는 어느 정도인가? • 이 문제로 인해 대상집단에게 문제가 되는 상황은 무엇인가? • 이 문제를 해결하기 위한 기존 프로그램은 적절한가?
목표설정	• 이 문제에 대해 어떠한 사회적 가치가 적절한가? • 이 문제를 해결하기 위한 사회의 목표는 무엇인가?	• 기존 프로그램을 대체할 수 있는 프로그램으로는 어떠한 것들이 있는가? • 대상집단에게 어느 정도의 변화를 추구하는 것이 타당한가?

• 이 문제와 연관된 제도적 한계는 무엇인가? • 이 문제를 해결하기 위한 제도나 서비스는 어떠한 것들이 있는가? • 이들 제도, 서비스가 성취한 것은 무엇인가?	• 목표달성을 위한 대안들은 어떤 것들이 있는가? • 대상집단에게 실현 가능한 서비스 조합은 어떠한 것들이 있는가?
• 이 문제에 대응하기 위한 사회적 조치는 효과적이었는가? • 이들 제도나 서비스의 결과는 얼마나 효과적이었는가?	• 서비스는 구체적으로 어떻게 평가할 것인가?

출처 : 최일섭 · 이창호(1993). 사회계획론. 나남출판사, p. 390 수정.

즉, 체계적인 프로그램 기획을 통해서 클라이언트나 사회의 바람직한 변화를 가져오게 하는 것이다. 프로그램 기획의 목표는 사람, 아이디어, 자원을 연계시켜 클라이언트의 문제해결이나 지역사회 발전을 증진시키는 것이다.

사회복지 프로그램은 사회문제를 제기하고 해결하기 위한 것으로 대개 성과목표를 통하여 사회문제와 관련된 정보를 얻을 수 있어야 한다. 예를 들어, 자활사업에 관련된 성과(outcomes)를 측정하고자 한다면 그 프로그램이 취업 취약계층의 문제와 동시에 제도적인 문제점이 무엇이며, 어떠한 방법으로 그 문제를 경감 또는 해결하고자 하는 것인지 알 수 있어야 한다. 그것이 직업훈련 프로그램이라면 실직이라는 사회문제를 풀어나가고 경감시키기 위해 프로그램이 무엇을 하고 있는지 그 정보가 제공되어야 한다.

프로그램 기획은 사회문제, 프로그램 및 성과목표 간의 연관성이 명확히 드러나야 한다. 프로그램의 산출, 성과목표에 대한 개발은 상호 연관된 과정으로 이해되어야 한다. 결국 프로그램의 산출, 성과를 통해서 프로그램이 확인된 사회문제를 제기하고 감소시키기 위해서 무엇을 하는지에 대한 책무성 정보를 제공하게 된다.

이러한 프로그램 기획은 사회복지조직에서 특별한 중요성을 갖는다고 볼 수 있다. 사회복지조직은 궁극적으로 두 가지의 목적을 지향하는데(Mohr, 1973; Miringoff, 1980), 첫째, 사회로부터 자원을 제공받아 이용자의 욕구를 충족하고, 궁극적으로 이들의 복지수준을 향상시켜 사명을 완수하는 것이며, 다른 하나는 전문적인 관리를 통해 조직 자체를 유지시키는 것이다. 결국 사회복지조직은 외부 환경으로부터 제공받은 자원을 가지고 효율적인 프로그램 운영을 위한 책임성을 가진다고 볼 수 있다. 즉, 프로그램 기획단계에서부터 실행, 평가단계까지 프로그램 활동이 목적달성에 기여했는지, 자원을 효율적으로 사용했는지에 대하여 정당한 근거를 가져야 한다.

스키드모어(Skidmore, 1995)는 사회복지조직에서 프로그램 기획의 필요성을 다음과 같이 제시하고 있다.

(1) 불확실성 감소

기획과정이 없다면 사회복지조직은 급변하는 환경과 불확실한 미래 상황에 대한 불확실성이 증가될 것이고, 이로 인하여 사회복지조직의 목표가 혼동되거나 조직성원이나 이용자가 권력지향적인 행정가들에게 희생당할 가능성도 있다.

(2) 합리성 증진

프로그램 진행기준의 마련을 통해 프로그램의 정책 수행과 운영에 안전을 기할 수 있다. 프로그램 목적을 객관적인 자료를 근거로 합리적으로 수립하게 함으로써 프로그램에 대한 행정에 있어 일관성 없는 정책이나 방침변경 같은 것을 배제할 수 있다. 프로그램 기획 수립은 프로그램이 계획대로 얼마나 잘 작성되어 수립되었는가를 가늠할 수 있는 평가의 기준이 됨과 동시에 그 실행과정에서 미흡하였던 점을 파악하여 이를 개선하는 기초가 될 수 있다.

(3) 효율성 증진

확정된 목표를 가장 효율적으로 달성할 수 있는 대안을 선택하게 함으로써 효율성을 증진시켜 준다. 효율성이란 목적을 경제적으로 달성하는 것으로 사회복지조직은 인력과 재원이 제한되어 있기 때문에 최소의 비용과 노력으로 서비스 목표를 달성하는 것이 바람직하다. 이에 사전에 치밀한 계획이 필요하다.

(4) 효과성 증진

사회복지조직이 이용자에게 제공한 서비스는 그의 문제나 욕구를 해결하는 데 효과가 있어야 한다. 그러한 효과를 얻기 위해서는 사전에 반드시 기획이 수립되어야 한다.

(5) 책임성 이행

사회복지조직은 사회의 인가를 받아 정부와 개인의 기부금 등을 사용하고 있기 때문에 조직이 목표하는 서비스를 효과적이고 효율적으로 제공할 책임을 지고 있다. 따라서 책임을 잘 수행하기 위해서는 서비스에 대한 기획이 반드시 필요하다.

(6) 프로그램 관련자들의 이해와 욕구충족

프로그램 기획에서는 그 프로그램에 관련된 전문가, 이용자, 지역사회 관계 인사들이 참여하게 되므로 이들이 프로그램에 적극적인 관심을 갖게 되고 프로그램 자체가 이용자의 요구에 맞게 개발·적용될 수 있다.

(7) 사회복지조직 실무자의 사기 진작

프로그램 기획에는 많은 조직성원이 참여할 수 있고, 참여를 통하여 자신들이 조직에 기여하였고, 자신들의 생각이 받아들여졌다고 여긴다. 또한 자신들의 참여로 어떤 계획이 이루어졌다는 데에 타인으로부터 인정받고 성취감을 얻을 수 있기 때문에 기획은 사기 진작을 위해서도 필요하다. 이러한 프로그램의 기획 과정을 통해 직원들은 직무에 대한 성취감이나 만족감을 가질 수 있다.

2. 프로그램 개발을 위한 의사결정 접근방법

사회복지 프로그램 개발을 할 때 첫 번째 과제는 과연 어떠한 프로그램을 할 것인지를 의사결정하는 것이다. 실제로 기획과 의사결정의 과정을 내포하고 있기 때문에 프로그램 개발자의 역할과 과업수행의 성격에 따라 접근방법 또는 시각에서 차이가 있다. 이러한 관점에서 길버트와 스펙트(Gilbert & Specht)는 사회복지 프로그램의 기획과 의사결정에 관한 이론적 접근을 크게 기술방법론적(techno-methodological) 측면을 강조하는 시각과 사회정치적(sociopolitical) 측면을 강조하는 시각으로 나누고, 각기 다른 시각에 따라 의사결정의 모형이 다르게 제시된다고 보았다(Gilbert & Specht, 1977; 황성철, 2014).

의사결정의 모형에는 합리모형, 만족모형, 점증모형, 혼합모형, 최적모형 및 쓰레기통 모형 등이 있는데, 프로그램 개발과정의 본질적 특성을 기획과 의사결정 과정으로 보고 프로그램 개발자가 수행하는 활동의 강조점에 따른 모형들을 정리하여 제시하면 〈표 2-2〉와 같다.

〈표 2-2〉 프로그램 개발에서의 의사결정 모형

모 형	내 용	한 계
합리모형	① 의사결정을 할 때 고도의 합리성을 강조하는 규범적 · 이상적 접근방법 ② 프로그램의 개발과 기획과정은 사회문제나 표적집단의 욕구나 관련된 사실(fact), 이론, 가설 등의 분석을 기초로 문제의 진단과 행동에 이르는 전 과정이 체계적이고 논리적인 순서에 따라 이루어진다고 가정 ③ 프로그램의 개발에서는 기술방법론적인 측면이 강조되고 프로그램 개발자는 전문기술자의 역할수행이 요구됨	인간의 능력으로 완전하고 종합적인 정보 수집과 처리가 사실상 어렵고, 의사결정 과정에서 인간의 주관적인 가치판단을 별로 고려하지 않으며, 완전한 대안의 결과만을 추구한 나머지, 그 결과의 예측을 어렵게 만들고 완전한 대안을 결정하기까지 많은 시간과 비용이 소요됨

점증 모형	① 조직의 의사결정은 항상 합리적 방법으로 이루어지는 것이 아니라 현실을 인정하고 약간 향상된 대안을 선택하는 것이 일반적이라는 것 ② 프로그램 개발은 체계적인 자료수집과 분석보다는 기존 프로그램에서 약간 향상되는 차원에서 변형되거나 수정된 형태로 나타나는 것이 대부분이라고 주장 ③ 프로그램 개발자는 상호 입장교환, 협상, 당사자 간의 합의 등 사회정치적 과정이 중요시되고, 기존 프로그램의 합법성, 예산, 당사자의 이익을 대변하는 옹호자의 역할을 수행하게 됨	현실을 인정하고 혁신을 배제한다는 점에서 보수적이며 의사결정에서 지나치게 현실의 여건과 정치성을 강조하기 때문에 체계성과 과학성이 결여된다는 비판을 받고 있음. 또한 이 모형은 편의성 때문에 프로그램 기획에서는 많이 활용이 되지만 사회복지 프로그램들에서 요구되는 책무성의 문제로 인하여 한계를 가짐
혼합 모형	① 합리모형과 점증모형을 혼합시킨 모형 ② 장기적인 프로그램이나 핵심사업의 경우 합리모형에 따라 문제의 원인분석과 대안모색이 합리적 · 과학적으로 이루어질 필요가 있음 ③ 단기적이거나 세부 단위사업, 또는 기존 프로그램의 문제점을 해결하는 방향으로 프로그램을 개발하는 경우 점증모형에 따라 기존의 세력과 당사자 간의 협상과 합의가 이루어질 수 있도록 한다는 것 ④ 합리모형의 비현실적인 합리성을 감소시키는 동시에, 점증모형이 가지고 있는 보수성을 극복하여 융통성 있게 적용될 수 있음 ⑤ 프로그램 개발자는 관료의 역할을 수행함	합리모형이 추구하는 이상적인 합리성을 약간 중화시키는 동시에 점증모형이 갖는 보수성을 극복한다는 점에서 장점을 가지고 있으나, 장 · 단기사업과 핵심 또는 주요사업에 대한 조직구성원의 동의 또는 합의가 없는 한 이러한 의사결정도 문제가 될 수 있다는 점이 단점으로 지적됨. 또한 이 모형은 기존의 모형을 절충한 것에 지나지 않는다는 비판을 받고 있음
쓰레기통 모형	① 혼란스럽고 복잡한 상황하에서 조직의 의사결정 과정을 비관적으로 설명하고 있음 ② 각종 쓰레기가 한 통 속에 모아지듯이 네 가지 독립적 투입물인 문제, 해결책, 참가자, 선택기회 등이 하나의 의사결정 과정이라는 통 속에 들어와서 투입물 간의 합리적인 연계 없이 특수한 혼합에 의해 의사결정이 이루어짐 ③ 즉, 의사결정은 결국 네 가지 요소가 한꺼번에 교차되는 곳에서 이루어짐	현실적으로 기관의 여건과 사회복지사들의 복잡 · 다양한 상황을 잘 설명해 주고 있지만 실제로 의사결정의 결과가 바람직스러운 프로그램의 개편보다는 의사결정이 자주 바뀌어 궁극적으로는 함량 미달의 프로그램이 지속되거나 약간은 변형된 형태로 나타난다는 점에서 비판받고 있음

3. 사회복지 프로그램 개발의 이론적 모형

지금까지 사회복지 프로그램 개발과정에서 프로그램 개발과정의 특성이 프로그램 개발의 질에 상당한 영향을 미치는 것으로 나타나고 있다는 것을 볼 수 있으며, 기술방법론적인 측면이 강조되느냐 아니면 사회정치적 측면이 강조되느냐에 따라 합리모형, 점증모형, 혼합모형 그리고 쓰레기통 모형으로 나누어 제각기 다른 모형으로 접근할 경우 어떤 특성이 있는지를 살펴보았다. 이러한 모형들은 사회복지 프로그램의 전체 성격적인 측면을 대략적으로 이해하는 데에는 도움을 주지만 실제로 사회복지 프로그램 개발자가 사회문제를 해결하고자 체계적으로 접근하는 데 있어서 구체적인 방법과 지침을 제공해 주지는 못한다(서인해 · 공계순, 2003). 따라서 사회복지 프로그램 개발의 원리나 방법론적 차원에서 더욱 구체적인 이론적 모형은 〈표 2-3〉과 같다(황성철, 2005).

〈표 2-3〉 사회복지 프로그램 개발의 이론적 모형

모 형	정의 및 내용	단 계
캠머만(Kamerman)의 모형	• 프로그램을 조직의 정책과 목적 달성을 위한 구체적 활동과정으로 정의한다. • 사회복지관 차원의 프로그램 개발 모델은 이론과 실천을 연계해야 한다는 것을 제시한다.	① 기획(planning) • 지역사회의 당면문제 인식 및 클라이언트 집단의 욕구파악 • 지역사회의 이해관계 당사자들의 참여보장 • 지역사회에서 세력집단의 관심과 의도식별 • 목적 및 목표의 구체화, 개입방법과 기술의 선택, 프로그램 수행에 적절한 조직구도의 설계, 행정 및 재정적 자원확보와 지원 등의 과업수행 ② 프로그램의 개시(initiation) • 프로그램 시행 단계 • 프로그램의 목표를 논리적으로나 범주적으로 조직의 사명에 일치시키는 노력 • 프로그램 수행을 위한 조직구조를 형

		성, 목표의 세분화, 개입의 직접적 표적 집단 선정, 개입전략을 확정, 서비스 제공활동 시작 ③ 실행(implementation) • 프로그램 수행에 필요한 기제들이 충분히 작동되고 성과가 나타나고 평가가 될 수 있을 때 시작됨 • 계획된 서비스가 완전히 클라이언트 집단에 제공되면 끝난다. 즉, 프로그램이 실행되어 계획된 성과와 영향이 평가되면 이 단계가 종료됨
패티(Patti)의 모형	• 사회복지 프로그램을 조직의 공식적 행정체계 아래서 클라이언트 집단에게 재활, 접근성, 개별적 서비스를 제공하는 구체적인 활동의 체계로 정의하면서 사회복지 프로그램을 조직이나 행정의 관점에서 관리의 대상으로 파악했다는 점에서 특성이 있다. • 패티는 프로그램 개발과정을 설계, 실행, 안정화로 나눈다.	① 설계(design) • 이 단계에서 이루어지는 핵심적인 내용은 기획(planning)임. 기획은 일정한 기간 동안 자원과 수단을 사용하며 미래의 바람직한 결과를 성취하도록 준비하는 과정 • 프로그램 개발자는 욕구조사, 목표설정, 개입전략 선택, 자원결정 등의 주요 과업을 수행 • 욕구조사의 방법과 기술이 강조되고 목표달성을 효과적으로 수행하기 위해서 MBO(Management By Objective)에 의한 목표관리 방법을 제시 ② 실행(implementation) • 프로그램이 실제로 운영되는 상태로 진입함으로써 시작됨 • 서비스를 받을 합당한 클라이언트 집단의 안정적 확보, 지역사회의 여타 기관과의 상호 교류와 협력관계를 유지하는 노력이 요구됨 • 실행자의 주요 과업은 자원확보, 조직구조 개발, 직원능력 개발 등이 있음 ③ 안정화(stabilization) • 이 단계의 주요 과업은 직원의 능력 개발과 관리감독, 프로그램 평가, 변화와 혁신을 위한 과업 등이 있음

토마스(Thomas)의 디자인 개발 모형	• 이 모델에서 강조되는 사회복지실천에서 개입방법이라는 사회적 테크놀로지를 과학적이고 체계적으로 생산해 나가는 방안으로 조사방법의 지식과 기술을 실천에 통합시키는 개입조사(intervention research) 이론이다. 지식개발(knowledge development), 지식활용(knowledge utilization), 디자인 개발(design development) 등 세 영역으로 나누어진다.	① 분석(analysis) • 문제확인과 분석 • 기존 및 현 상황 검토 • 개발 · 실행 가능성 조사 ② 디자인(design) • 혁신목표 의지 확정 • 혁신을 위한 요구사항 확인 • 설계문제의 확인 • 자료 및 정보 원천 식별 • 자료 수집 및 처리 • 해결대안 개발 및 선정 • 종합 • 현장적용의 대표적 형태 결정 ③ 개발(development) • 개발계획 수립 • 조직화 준비 • 시범적 사용과 개발테스트 ④ 평가(evaluation) • 평가계획 수립(평가계획서) • 평가자료 확보 및 평가(평가자료) ⑤ 확산(diffusion) • 미디어를 통한 전파와 확산 준비 • 사용자에 의한 사용 ⑥ 채택(adoption) • 광범위한 활용
랩과 포어트너(Rapp & Poertner)의 설계모형	• 이 모델에서 강조되는 클라이언트 중심 성과는 클라이언트 성과(client outcomes), 생산성(resource acquisition), 효율성(efficiency), 그리고 직무만족(job satisfaction) 등 다섯 가지 영역에서의 주요 지표로 결정된다고 보았다.	① 1단계 : 사회문제의 분석 ② 2단계 : 일차적 수혜자 식별 ③ 3단계 : 사회복지원조 이론의 결정 ④ 4단계 : 서비스 절차의 구체화 ⑤ 5단계 : 클라이언트에게 도움을 주는 인사 식별 ⑥ 6단계 : 원조환경의 구체화 ⑦ 7단계 : 실제 원조행동의 기술 ⑧ 8단계 : 정서적 반응의 확인

케트너, 모로니와 마틴(Kettner, Moroney & Martin)의 설계관리 모형	• 이 모형은 사회복지기관의 관리자가 프로그램의 효과성을 향상시키기 위해서 관리자의 관점에서 프로그램의 기획과 설계 단계에 중점을 두어 프로그램 개발의 원리와 구체적 지침을 제공한다.	① 문제분석 ② 욕구사정 ③ 전략선택과 목표수립 ④ 프로그램 설계 ⑤ 정보관리체계 ⑥ 예산수립 ⑦ 프로그램 평가
애쉬먼과 헐(Kirst-Ashman & Hull)의 Imagine 모형	• 어떤 목적달성을 위한 다양한 활동의 체계를 프로그램으로 보고 사회복지 프로그램은 사회복지사가 클라이언트를 원조하거나 서비스를 제공하는 수단의 역할을 한다는 점을 강조한다.	① 1단계 : 아이디어(idea) 개발 ② 2단계 : 지지규합(muster) ③ 3단계 : 자산(assets) 확인 ④ 4단계 : 목적(goal) · 목표설정 ⑤ 5단계 : 실행(implement) ⑥ 6단계 : 저항중화(neutralize) ⑦ 7단계 : 과정 및 효과 평가(evaluate)

출처 : 황성철(2005 : 64) 재구성.

4. 프로그램 기획과 사전조사

프로그램 기획은 공식적인 의사결정 과정을 통해서 새로운 프로그램이 창출되거나 기존 프로그램의 수정과 변화가 일어난다. 특히 새로운 프로그램의 창출이나 기존 프로그램의 수정에 대한 필요성과 당위성이 인정되기 이전에 프로그램 기획자는 반드시 사전조사를 통해 프로그램 기획의 가능성을 탐색해 보아야 한다. 즉, 본격적인 사회복지 프로그램을 기획하기 전에 지역사회와 클라이언트의 상황과 문제를 파악하고 새로운 또는 변화된 프로그램을 위한 기획의 정당성과 필요성을 증명할 수 있는 기초자료의 수집과 분석이 필요하다(황성철, 2005).

이러한 측면에서 사전조사는 사회복지 프로그램을 구체적으로 계획하기 이전에 지역사회 또는 이용자의 상황과 조건들을 파악하고, 프로그램 기획의 정당성과 필요성 등을 증명해 줄 수 있는 기초자료들을 수집하는 것이다. 즉, 프로그램을 통해 영향을 받을 사람과 집단, 이들의 프로그램에 대한 기대와 동기, 이용자들의 과거 유사한 프로그램을 경험한 적이 있는가 여부, 이용자들의 기관에 대한 신뢰의 정도 등을 파악하고 평가해야 한다. 사전조사가 필요한 사항들을 구체적으로 살펴보면 다음과 같다(정무성, 2011).

(1) 사회복지 프로그램의 필요성에 대한 정보

지역사회의 상황, 문제, 욕구, 이슈 등은 무엇이며, 얼마나 오래 지속되었는가?, 시간의 경과에 따라 어떤 변화를 거쳤는가? 그리고 그 역동성과 인과관계는 무엇인가 등 과거의 중대한 역사적 기록을 조명하는 것은 매우 중요하다. 과거의 맥락에서 현재를 조명하는 것이 현재 상황을 가장 잘 설명하는 방법이기 때문이다. 이렇게 수집된 자료들은 사회복지활동의 필요성, 기대되는 결과, 주민의 접근방법, 자원동원계획 수립을 가능하게 한다.

(2) 기대되는 결과에 대한 정보

지역사회 주민들이 기대하는 결과는 정확하게 무엇인가? 기관은 이용자의 다양한 기대를 민감하게 수집하여야 하지만 이로 인하여 비현실적인 기대가 일어나는 것은 막아야 한다. 또한 기대되는 결과는 현실적이고, 실현 가능하고, 바람직한 것이어야 한다. 그리고 이용자의 미래 상태가 과거 상태보다는 나을 것이라는 것에 대한 확신이 있어야 한다.

(3) 기존 서비스에 대한 정보

이 문제의 해결을 위해 어떤 노력(프로그램, 정책 등)이 어디에서 얼마만큼 또 얼마나 효과적으로 이루어지고 있는가 등을 조사한다. 이것은 프로그램의 중복과 남용을 방지하고, 동원할 수 있는 다른 자원에 대한 구체적인 자료도 획득할 수 있다.

(4) 자원(인적 · 물적)에 대한 정보

그 프로그램을 수행하는 데 필요한 자원 및 동원가능성을 파악한다.

(5) 관련체계 파악

프로그램의 수행과 관련된 이용자체계, 목표체계, 행정체계, 복지관체계 등을 파악한다. 이용자체계인 경우는 직접적으로 혜택을 받는 개인, 집단, 조직뿐만 아니라 간접적인 혜택을 받는 집단도 포함되어야 한다.

(6) 기관 내 · 외의 승인 획득

기관 내의 의사결정기구의 승인을 획득하고 법적 · 행정적 · 정치적 하자는 없는지를 파악한다.

(7) 프로그램 근거이론 정리

제시된 문제의 분석 및 문제의 원인과 해결방안을 보다 타당성 있게 설명할 수 있는 핵심적 근거이론을 제시하여야 한다.

5. 프로그램 개발과 기획에서의 창의성

사회복지 프로그램 개발은 그것을 개발하기 위해 특수한 기술이 요구되며, 그 내용이 이론적으로 정리되어 있기 때문에 과학이다. 이러한 점에서 롱(Long, 1983)은 프로그램 개발을 '예술(art)과 과학(science)의 조합에 기초한 기술(skill)'이라고 주장하였는데, 이로서 프로그램 개발에서의 전문성이 부각되었다. 그는 프로그램 개발(program development)이란 프로그램의 기획(planning)과 실행(implementation) 및 평가(evaluation)에 관한 활동들의 순서를 규정하는 일련의 과정이라고 하였다.

또한 이것은 사회복지조직의 목적달성을 위해 사회문제를 해결하고 취약계층과 일반 시민의 사회복지적 욕구를 충족시켜 주기 위해서 자원과 기술이 동원되어 서비스 이용자 체계의 변화를 촉진시키는 매개체이다. 즉, 사회복지 프로그램을 통해서 클라이언트 체계는 변화될 수 있으며, 이러한 프로그램은 사회복지조직이나 기관의 관리자 혹은 담당자에 의해서 개발되고 시행된다는 것이

다. 프로그램 개발을 그림으로 제시하면 |그림 2-2|와 같다.

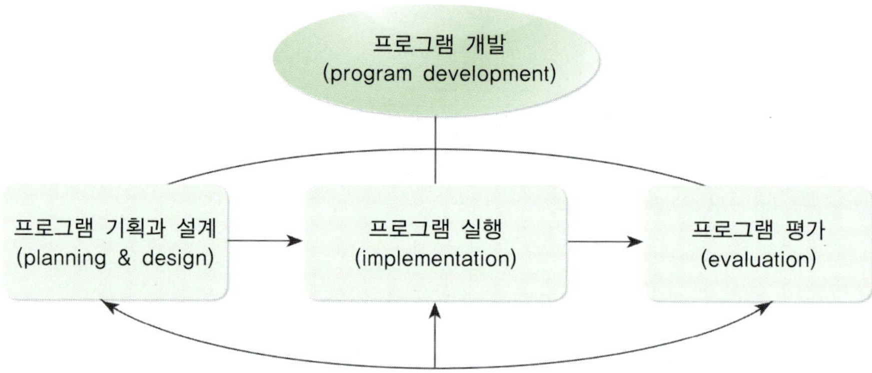

|그림 2-2| 사회복지 프로그램 개발의 개념적 모형

출처 : 황성철(2005), p. 38.

또한 |그림 2-2|에서 보는 바와 같이 사회복지 프로그램 개발은 프로그램의 기획과 설계, 프로그램 실행, 평가, 환류 과정을 망라하는 매우 복잡한 절차와 방법을 포괄하는 과정이다. 김영숙 등(2002)이 정리한 것을 중심으로 프로그램 개발의 성격에 대해서 살펴보면,

① 프로그램 개발이란 사회복지조직이 지역사회의 욕구나 문제에 적극 대처하기 위한 대응기제이며, 변화를 창출하기 위한 전략이다.
② 사회복지 분야에서의 프로그램 개발은 개인 참여자는 물론, 참여자 집단의 행동변화뿐만 아니라 지역사회의 발전을 지향한다.
③ 프로그램 개발은 계속적인 집단적 의사결정 과정이다.
④ 프로그램 개발은 참여자들의 욕구를 확인, 사정, 분석하기 위해 사회복지 조직과 지역사회 및 그 대표자들이 자발적으로 참여하는 협력적인 노력(collaborative effort)이다.
⑤ 프로그램 개발은 조직 내외의 여러 사람들이 복잡한 절차에 공동으로 참여하는 집단활동으로 하나의 체계(system)로 간주될 수 있다.

이러한 성격들은 주어진 상황이나 여건에 따라 조금씩 달라질 수 있다는 사

실을 인식해야 한다. 여기에서 말하는 상황이나 여건은 사회복지조직의 특성, 프로그램의 유형, 클라이언트 체제의 형태, 프로그램 개발자의 특성 등을 지칭한다.

사회복지 프로그램을 기획하는 데 있어서 창의성은 사회복지실천에서 예술성(art)을 강조하는 차원에서 더욱 중요시되고 있다. 뮬렌(Mullen, 1994)은 사회복지 프로그램 개발은 개발자 개인의 상상력과 창의성이 크게 작용하기 때문에 프로그램의 기획과 설계는 단순히 과학적이며 논리적인 유추과정으로 귀결시킬 수만은 없다고 언급하였고, 멀슨과 펠츠(Munson & Pelz, 1982)는 프로그램 개발에서 창의성 개발을 세 가지 수준으로 제시하였다.

1) 독창적(Originating) 개발

프로그램으로 해결해야 할 문제가 과거의 방법으로 해결되지 않아 새로운 프로그램을 개발하거나 외부전문가를 섭외하여 프로그램을 적용할 기관을 탐색하는 경우를 말한다. 이전에는 이와 같은 사례가 없기 때문에 기획자가 전혀 새로운 프로그램의 모델을 개발하는 것이다. 이 수준은 개발이 순수하고 독창적인 창의성에 해당한다.

2) 적용적(Adapting) 개발

이 수준의 프로그램 개발은 몇 개의 해결책에 관한 사례는 있다. 그러나 기록과 문서화가 잘 되어 있지 않아 그 사례를 활용하거나 변용해 사용하는 경우를 말한다. 프로그램 개발자나 외부전문가는 이러한 사례를 다소 수정, 보완해 프로그램을 개발한다. 가장 일반적 형태의 프로그램 개발로서 새로운 프로그램을 구상하고, 선정할 때 일부 개입전략과 평가방법, 그리고 수행절차의 방법을 기관의 사정과 인력 및 재원의 정도를 고려해서 바꿀 수 있다는 것을 의미한다(황성철, 2005).

3) 차용적(Borrowing) 개발

이 수준의 프로그램 개발은 기존 프로그램의 기록 또는 문서화가 되어 잘 되어 있기 때문에 수정 없이 그대로 빌려 사용하는 것을 말한다. 따라서 차용적 개발은 아주 낮은 수준의 창의성을 의미하므로 다른 말로는 기존 프로그램의 채택(adoption)이라고도 한다.

6. 프로그램 기획과정

프로포절 작성은 전문적 의사소통의 과정이다. 따라서 프로포절은 작성자가 아닌 동료, 심사자 등 제3자가 이해하고, 실행할 수 있을 만큼 구체적이어야 한다.

간혹 프로그램 작성자, 담당자가 이직했을 때 그 프로그램이 중단되는 경우가 발생한다. 프로그램 계획서만 보고는 그대로 실행할 수 없기 때문이다. 이것은 프로그램 계획 시 담당자의 머릿속에 있는 구상이 온전히 프로포절로 옮겨지지 않았기 때문이다.

한두 개의 아이디어만으로 프로포절을 쓰기 시작하는 것은 어려울 뿐만 아니라 거의 불가능하다. 오히려 작성자가 혼란스럽게 된다. 작성자는 프로포절 작성 전에 프로그램 전반에 대해 충분히 검토해 봐야 한다.

Tip

프로포절을 구상할 때 기관의 재정능력이나 실무진의 업무능력을 고려해야 한다. 프로그램을 실행하는 데 실무진의 능력이 부족하다면 실무진을 충원하거나 기존 직원들을 재교육해야 할 것이다. 이는 단순한 문제가 아니고, 기관 전체가 어디로 나아가야 하는지 등과 연관된 문제이다.

실시하고자 하는 프로그램이 기관에서 이전에 실행해 본 적이 없던 것이라면, 구체적인 전개과정을 프로포절에 담아야 한다. 사례를 한 번 보자.

학교에서 청소년들에게 교육 프로그램을 제공하는 기관이 있다. 이 기관은 이제 청소년들을 위한 방과 후 프로그램을 실시하고자 한다. 그런데 이 기관은 지역사회에서 청소년들에게 서비스를 제공하는 이들과의 접촉이 없었다. 새로운 프로그램을 새로운 환경에서 실행하는 데 필요한 중요한 연결고리가 없는 것이다. 따라서 새로운 관계망을 어떻게 발전시킬 것인지를 반드시 프로포절에 담아야 한다. 생활쓰레기 줄이기, 재활용 등에 관한 내용을 법으로 세정하려고 해도 국민 대중이 환경보호의 필요성을 의식하지 못하면 법률안이 통과되지 않을 수도 있다. 프로포절을 작성할 때 이러한 점은 반드시 고려되어야 한다. 프로그램을 통해 성취하려는 목표는 사회에 상당히 많은 사람들의 지지를 받지 않으면 안된다(Coley & Scheinberg, 정무성 역, 1998).

프로그램에 대한 전체적인 그림이 그려지고 난 뒤에 프로포절을 쓰기 시작하는 것이 좋다. 그렇지 않은 경우 프로포절 작성과정 중 다른 프로포절을 참고, 모방할 가능성이 높고, 자신이 애초에 구상한 프로포절을 작성할 수 없게 된다. 따라서 모든 작성과정이 끝난 후에 자신의 프로포절을 점검하는 차원에서 다른 프로포절을 참고하는 것이 바람직하다.

사회복지 프로그램은 조직의 목표를 달성하기 위한 하나의 수단이다. 따라서 어떠한 프로그램이더라도 자신이 소속된 조직의 사명, 목표, 현행 프로그램들과 연계를 맺을 수밖에 없다. 프로포절 작성 시 자신이 속한 기관에 대해 다음과 같은 내용을 우선적으로 파악한다(Coley & Scheinberg, 정무성 역, 1998).

- 기관의 역사와 사명선언서
- 기관의 서비스 지역(지리적 지역)
- 서비스 대상 인구층(클라이언트)
- 현재 실시되고 있는 프로그램
- 현재 직원들의 현황(자격, 업무량, 관심사 등)
- 기관의 앞으로의 계획(5년 중기계획 등)
- 재정출처(전체 예산에서 각각 차지하는 비율)

〈표 2-4〉 프로그램 기획과정

단 계	내 용
1. 문제의 정의 및 욕구확인	① 문제의 원인에 대한 구체적인 확인 ② 문제의 심각성, 피해자, 그리고 문제의 원인과 결과 간의 인과관계에 대한 진술 ③ 이러한 문제를 해결하고자 하는 조직 · 구성원의 욕구를 서술
2. 관련정보의 확인	① 과거에 이루어졌던 결정에 관한 정보 ② 현재 상태와 목표에 대한 자료 ③ 유사한 문제를 다루는 타 조직에 관한 정보 및 기록 ⇒ 대안수립, 평가의 근거가 될 수 있는 관련정보 수집
3. 대안의 개발 및 평가	① 일련의 대안적 활동내용을 나열 ② 비교 가능한 방식으로 대안을 영역별로 분류 ③ 각 대안의 장 · 단점을 파악하고, 각 대안의 성공가능성을 예측
4. 대안선택	① 대안적 행동방침의 성공가능성에 대한 합리적 예측에 근거를 둠
5. 대안의 실행	① 이용 가능한 자원의 배분, 자원의 조직화, 성공적 해결에 필요한 활동내용 구성 ② 이것은 다양한 요인들이 영향을 미침
6. 환류	① 검토 및 평가 단계로서, 자원을 가장 효율적이고 효과적으로 사용하기 위해서 지속적으로 사정(assessment)하는 일 ② 선택된 활동내용이 목표달성에 어느 정도 적절한지 평가하는 일

Tip

프로포절 양식에 얽매여서, 또는 기금을 지원하는 단체의 요구 때문에 기관의 기본적인 방향에서 벗어나면서 프로포절의 초점을 바꾸는 것은 신중해야 한다. 프로포절 작성자가 약간의 돈을 이 프로그램에 쓸 수 있다는 이유만으로 프로포절을 "짜내는" 행위는 가장 비복지적인 것이다.

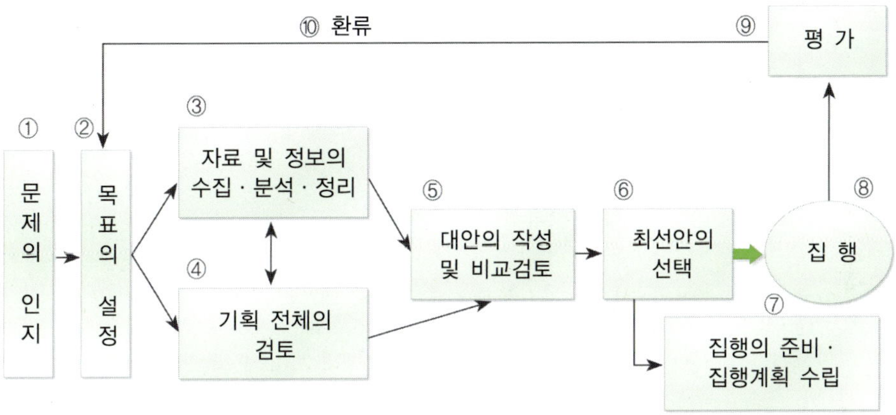

|그림 2-3| 계획의 일반적 과정

출처 : 정규서 · 강태룡(1990). 기획론. 대왕사, p. 119.

PART 2

사회복지 프로그램 기획과 설계

Chapter 03 사회문제의 분석과 대상자 선정

1. 문제분석

문제분석은 무엇보다도 현재의 상황에 대한 전반적인 이해가 전제되어야 가능하다. 즉, 통계자료나 사실(fact)에 근거하여 상황의 본질이 무엇인지, 어느 정도의 사람들이 그러한 상황을 겪고 있는지, 그들은 누구이며 어느 지역에 살고 있는지, 그리고 상황은 어떠한 정도인지를 객관적으로 기술하여야 한다(Kettner, 2013). 문제를 정의하는 방식은 그 문제의 해결 가능한 범위를 결정할 수 있게 해주며, 문제해결에 적절한 개입과 전략의 유형을 결정할 수 있게 해준다(Taber, 1988). 즉, 문제상황의 원인에 대한 구체적인 분석을 통해 구체적인 목표를 설정할 수 있다는 것이다. 문제에 대한 원인분석이 이루어지지 않았다면, 문제의 규모와 유형을 구체적으로 파악할 수 없으며, 이에 겉으로 드러난 문제현상에 대한 개입방법을 선택하게 된다.

문제확인 단계는 클라이언트의 문제나 욕구의 규모, 심각성, 경향, 그리고 이러한 문제나 욕구가 나타나게 된 원인을 명확히 파악하여야 한다. 그럼으로써 프로그램 개발의 필요성, 나아가 프로그램의 목표를 명확히 제시할 수 있게 된다. 프로그램의 목표가 명확히 수립되었을 때 평가계획도 구체적으로 수립될 수 있으며, 이는 프로그램 기획자가 프로그램의 전반적인 내용을 충분히 이해하고 있다는 것을 증명하는 것이 된다.

프로포절이 작성자가 심사자에게 제기하는 하나의 주장이라고 본다면, 그 주장은 설득력이 있어야 받아들여진다. 프로포절에서의 설득력은 객관적이고 사실적인 자료나 신뢰할 만한 사람들(사회복지시설장, 지역사회의 전문가, 클라이언트 등)과의 면담자료를 활용할 수 있다. 기타 프로포절에서 다루고 있는 문제와 관련된 서적, 논문, 지방자치단체의 통계자료, 클라이언트 욕구조사 보고서 등이 활용될 수 있다.

1) 사회문제란?

사회문제에 대한 명확한 기술은 프로그램의 목표를 설정하고, 프로그램의 개발 필요성을 정당화시키는 근거가 된다. 일반적으로 '사회문제'로서 조건을 갖추려면 다음의 세 가지가 요구된다. 첫째, 그 조건은 많은 사람들에게 바람직하지 않은 것으로 인식되어야 하고(사회문제), 둘째, 바람직한 해결방안을 가지고 있는 것으로 인식되어야 하고, 셋째, 사람들로 하여금 그 조건을 변화시키고자 하는 욕구를 유발시킬 만큼 중요해야 한다(문제의 중요성 및 심각성).

사회문제의 분석은 프로그램 설계의 첫 번째 단계로서 프로그램 전반에 가장 큰 영향을 미친다. 문제분석이 잘못되면 그에 따라 목표의 설정도 잘못될 수 있고, 나아가 목표달성을 위한 대안의 탐색과 개발, 궁극적으로 평가에까지 영향을 미친다.

참고자료

문제분석의 오류

- 제1종 오류 : 행동대안이 실제로는 효과가 없거나 다른 행동대안과 그 효율성에 있어서 차이가 없는 데도 효과가 있다거나 더 효율적일 것이라고 하는 잘못된 정보를 산출하는 오류
- 제2종 오류 : 어떤 행동대안이 실제로는 효과가 있거나 다른 행동대안과 비교해 더 효율적인데도 효과가 없다거나 더 효율적이 아니라고 잘못된 정보를 산출하는 오류
- 제3종 오류 : 문제의 정의 그 자체가 잘못된 것으로서 확인(분석)한 문제가 실질적인 문제상황을 잘못 나타내는 것. 메타오류라고도 함

2) 사회문제의 원인분석

사회복지 프로그램은 사회문제의 원인에 대한 가정(assumptions)이 제대로 되었다는 전제하에 설계된다.

하나의 사회문제는 다양한 원인에 의해 발생되는데, 실업이나 빈곤, 부적응, 범죄 및 여타의 사회문제는 오로지 하나의 원인이 아니라 여러 가지 원인에 기인한다. 반면 사회복지 프로그램은 문제해결을 위해 이 모든 원인을 다룰 수 없는 경우가 많고, 주로 한 가지 원인을 다루게 된다. 게다가 사회복지 프로그램이 사회문제의 원인을 인지하고 있다는 근원적인 가정이 설명되지 않는 경우도 있다. 심지어 법률, 규칙 및 조례에 서술되어 있는 사회문제의 경우에도 그 원인을 인지하고 있다는 가정이 명확하지 않기도 하다(Martin & Kettner, 1996).

예를 들어, '실직'의 문제원인을 실직자의 노동능력 부족에서 찾을 수도 있지만, 반대로 노동시장이 불안정하고 노동수요가 부족한 데서 그 원인을 찾을 수도 있다. 문제의 원인이 복합적으로 여러 가지가 있을 경우 가장 중요한 것, 그리고 조직역량을 고려해서 결정한다. 또한 나머지 원인에 대한 설명이 부가되어야 한다. 이에 대한 정형화된 가이드라인은 존재하지 않는다. 단지 이 주제에 대한 이론, 최근의 연구, 평가결과에 대한 문헌이나 실제 경험에서 찾아볼 수밖에 없다.

아래의 예는 제기된 사회문제(실업)의 원인을 어떻게 인지하는가(노동능력 부족 또는 노동수요 부족)에 따라 프로그램(노동능력 향상 프로그램 또는 일자리 창출 프로그램)과 산출(교육 수료자 또는 새로운 일자리 수)이 달라지는 것을 보여준다. 물론 궁극적인 성과목표는 실직자들의 취업에 있다.

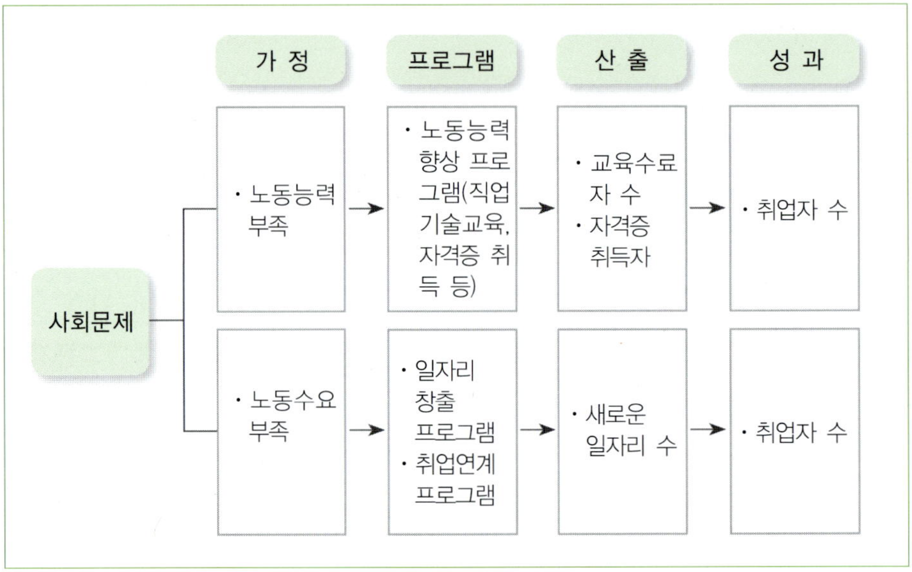

|그림 3-1| 실업문제에 접근하는 두 가지 프로그램

이 예는 실업이라는 사회문제에 대한 두 가지 사회복지 프로그램에 관한 것이다. 각각의 프로그램은 사회문제(실업)의 원인에 대한 다른 가정에 근거하고 있기 때문에 완전히 다른 산출 및 성과목표 집합이 만들어진다.

그렇다면 어느 쪽이 옳다고 할 수 있는가? 정답은 없다. 앞서 밝혔듯이 최근의 연구나 평가결과와 경험, 대상 클라이언트의 특성에 따라 다른 형태를 선택할 수밖에 없다.

여기서 중요한 것은 두 가지 프로그램의 성과는 모두 '취업자 수'이지만 두 프로그램의 성과를 단순 비교하는 것은 공평하지가 않다. 왜냐하면 두 프로그램에서 클라이언트들에게 투입되는 시간이 다를 것이고, 게다가 투입되는 인적자원이나 재원이 다를 것이기 때문이다.

3) 사회문제의 분석방법

사회문제의 분석방법은 처음부터 구체적으로 되어야 하는데, 다음과 같은 절차를 거치면 보다 구체적으로 분석할 수 있다.

첫째, 큰 종이의 한 가운데에 문제와 관련된 단어를 적는다.

둘째, 처음에 적은 단어들의 오른쪽 위에 어번 상황이 사회에 눈제가 되는지 목록을 적는다.

셋째, 처음에 적은 단어들의 오른쪽 아래에 어떠한 상황이 개인에게 문제가 되는지를 적어본다.

넷째, 처음 적은 단어들의 왼쪽에 그러한 문제의 발생원인과, 그 문제가 확대된 원인요인들을 적는다. 이러한 정보는 실질적인 경험을 바탕으로 한 연구논문이나 보고서, 통계자료 등을 통해 획득할 수 있다.

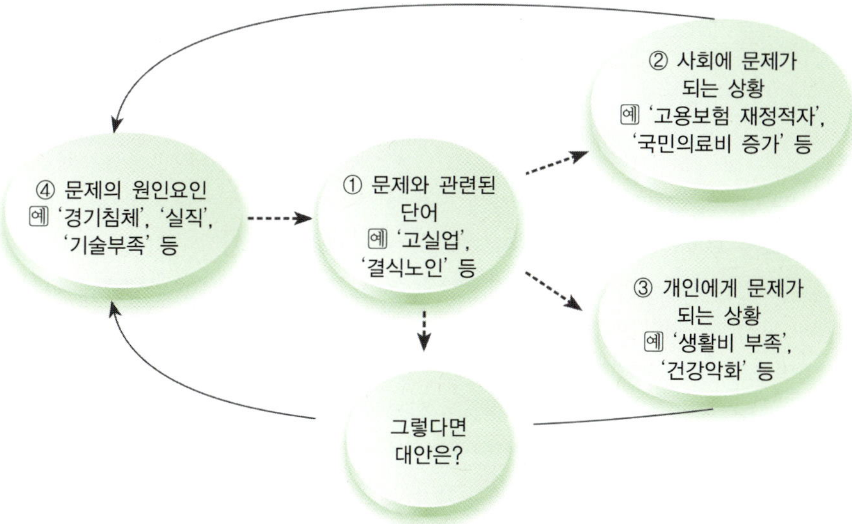

|그림 3-2| 사회문제 분석방법

문제분석은 보통 프로포절의 앞 부분에서 서술된다. 문제분석에서 가장 중요한 것은 어떠한 일이 일어나고 있는가(드러난 현상), 그러한 문제가 발생한 경우

(문제의 원인), 그리고 그 문제를 해결하기 위해 어떠한 조치들이 취해져야 하는지(프로그램의 목적)를 서술한다.

문제분석은 심각성을 보다 극명하게 드러내기 위해서 지역사회의 문제상황과 전국적·세계적 차원에서의 문제와 비교할 수도 있다. 그리고 현재의 문제가 점점 악화되고 있는지 아니면 호전되고 있는지를 제시하고, 장차 이 프로그램의 대상자가 될 가능성이 있는 잠정적 클라이언트들의 문제를 집중적으로 설명한다.

또한 현재의 문제나 사회에 미치는 영향에 대해 기술하며, 이 문제에 개입하지 않을 경우 미래에 닥칠 부정적 영향에 대해서도 주목해야 한다. 이 문제의 당사자뿐만 아니라 사회에 어떠한 심리적·재정적·정서적 비용을 치르게 하는지를 제시한다(Coley & Scheinberg, 정무성 역, 1998).

참고자료

문제분석의 예시

장기실직 그리고 취업과 실직을 반복하고 있는 대상자들(클라이언트의 특성과 배경)은 생계비조차 부족한 실정이다(클라이언트의 조건, 환경). 경상남도 시민실태 조사에 의하면, 이들의 학력은 중졸 이하가 63%이며(문제의 발생원인), 95.3%가 안정된 직장을 가지고 싶다고 응답하였다(경상남도, 2008)(클라이언트의 욕구). 또한 대상자들은 직업훈련 과정을 거쳐서라도 취업을 원하고 있지만 직업훈련 기간 동안의 생계비 부족으로 직업훈련을 받기를 꺼려하고 있다(문제가 해결되지 않고 있는 이유). 직업훈련 기간 동안 월 20만 원 정도의 생계비를 지원받고 있고 있지만, 이들의 실질 생계비에는 훨씬 미치지 못하는 수준이다(관련되어 있는 문제). 따라서 직업훈련 기간 동안의 생계비 지원이 현실화되지 않으면 직업훈련에 참가하기를 꺼리는 현상은 지속될 것이고, 이들의 안정된 일자리에의 취업은 더욱 어려워질 것이다(장·단기적 영향, 지역사회에 미치는 영향).

○○시의 경우 직업훈련 기간 동안 생계비 지원은 물론 직업훈련 과정에서 만든 생산품을 판매하여 그 수익금을 훈련생들에게 지급하고 있으며, 직업훈련 종료 후 이들의 취업률은 90%에 이르렀다(다른 지역, 다른 기관의 개입방법과 결과). 이로 볼 때 장기실직자 및 취업과 실직을 반복하고 있는 대상자들에게 현실적 생계비 지원과 수당 등이 제공되었을 때 직업훈련은 성공가능성이 높다고 판단된다(실현가능성이 높은 개입전략).

4) 사회문제 분석의 절차

문제분석이나 욕구사정을 서술할 때 분량이 너무 많으면 심사자들을 혼란스럽게 만든다. 한 페이지 내외로 작성하고, 통계자료는 프로그램에서 다룰 문제와 관련된 것만 제시한다. 문제분석과 욕구사정 부분은 다음 네 가지를 순서대로 서술한다.

(1) 문제의 규모

잠정적 클라이언트들의 인구사회학적 특성과 대상자 수 등을 구체적으로 밝힌다. 위험집단의 규모, 연령, 지리적 분포, 소득수준 등과 같은 내용을 기술한다. 문제의 심각성, 즉 즉각적 개입의 필요성을 강조하기 위해서는 다른 지역이나 다른 유형의 대상자들과 비교하는 것이 보다 효과적이다.

"이 지역의 장기실직자는 경제활동인구 중 17%(2,523명)를 차지한다. 그에 반해 전국의 장기실직자는 11% 정도이며, 인근 ○○시는 8.9% 정도이다."

(2) 문제의 원인

문제의 원인을 명확히 규명하기 위해서 "왜 그들은 '취업'을 하고 싶어 하는가?"라는 질문을 계속한다. "장기실직자들의 취업이 어려운 이유는 이 지역의 기업체 수, 일자리 수가 적다는 데에 있다." 이러한 진술은 문제의 원인 중 하나에 불과하고, 문제를 해결하는 방식을 도출하기 어렵다. 따라서 문제를 발생시킨다고 보는 요소들을 다양한 측면에서, 그리고 제안한 목표나 개입전략과 연결되는 것에 초점을 둔다. 예를 들어, 문제의 원인으로 '실직자들의 기술 부족'을 강조했다면, 개입전략은 '실직자 직업훈련'으로 귀결될 것이다.

(3) 문제가 개인이나 사회에 끼치는 영향

현재의 문제가 개인과 가족 및 사회에 부정적으로 미치는 영향을 서술한다. 그리고 이 문제에 개입하지 않을 경우 나타날 수 있는 결과를 논의한다.

"장기실직은 개인적으로 상실감과 낮은 자존감의 형성, 가구 소득이 감소함에 따라 구매력이 저하된다. 또한 기초생활보장 급여의 제공이나 여타의 서비스가 필요하게 된다. 따라서 장기실직자들의 취업은 구매력의 상승으로 경기 활성화에 기여하게 되고, 사회적 부담도 덜게 된다."

(4) 현행 프로그램이 해결하지 못한 점과 새로운 접근방법

이 문제를 다룬 다른 지역, 다른 기관에서의 경험과 지역 차원에서의 대응방식을 분석한다. 그리고 지금까지의 프로그램이 해결하지 못한 점에 대해 분석하고, 새롭게 필요한 전략은 무엇인가를 제시한다.

"장기실직자들에 대한 경남지역의 프로그램은 취업알선서비스가 60%, 직업훈련 프로그램이 15%, 실업급여 제공이 5%, 기타 서비스 제공이 20% 정도였다(경상남도, 2016). 그러나 이러한 서비스를 이용한 대상자는 전체 12,500명 중 1,800여 명에 지나지 않았다. 취업알선서비스는 실직자의 거주지역과 직장이 일치하지 않은 점, 구직자와 구인처의 요구조건이 일치하지 않은 점 등이 문제로 분석되었다. 직업훈련 프로그램은 그 필요성은 인정하고 있지만 훈련기간 동안의 생계비 마련 때문에 참가하지 못하고 있다. 이러한 점을 종합해 보면, 실직자들의 거주지와 가까운 곳으로의 취업알선, 훈련기간 생계비가 지원되는 직업훈련 프로그램, 구직자의 희망사항과 구인처의 요구조건을 연계하는 취업알선서비스가 요청된다."

(5) 사회문제 분석 시 질문 및 서술방법

문제분석 시 가장 중요한 것은 문제의 구체적인 원인을 파악해야 된다는 것이다. 자칫 문제로 인해 나타난 현상을 문제로 인식해 프로그램의 목표가 제대로 설정되지 못하는 경우가 있다. 예를 들어, 어르신들이 점심을 굶고 있다는 것은 그 자체로서 하나의 문제이기도 하지만, 결식의 원인이 무엇인지를 밝혀내야 한다. 돈이 없어서 점심을 굶고 있을 수도 있고, 건강문제 때문에 또는 가족구성원들 간의 불화 때문에 점심을 굶을 수도 있는 것이다.

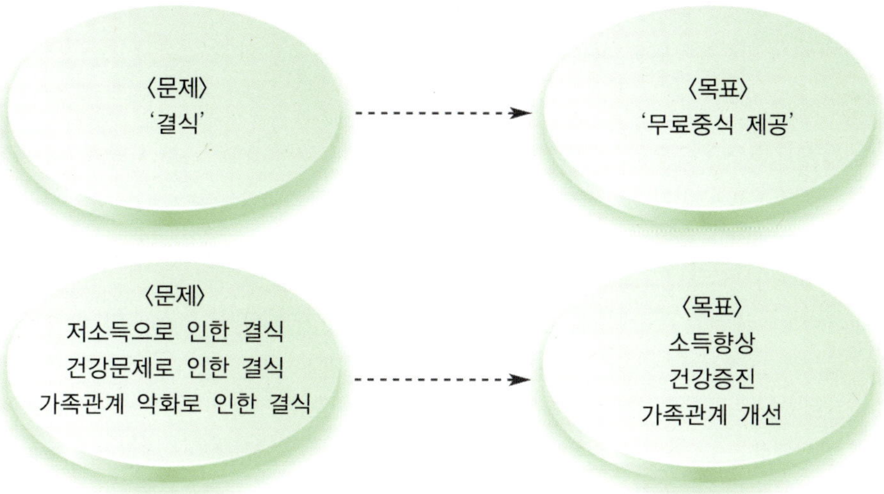

|그림 3-3| 문제의 원인과 목표설정

문제의 원인을 분석할 때는 위의 |그림 3-3|을 펼쳐 놓고, 구체적으로 다음의 사항들을 검토해 본다(York, 1982).

① 바람직하지 못하다고 보이는 상태나 조건들은 무엇인가?
② 이 문제로 고통을 받고 있는 사람들은 누구인가?
③ 이 문제로 이득을 보는 사람들은 누구인가?
④ 누가 이 문제를 문제로 규정하는가?
⑤ 누가 이 문제를 문제로 보지 않는가?
⑥ 현재 나타나고 있는 '현상'의 구체적인 원인은 무엇인가?
⑦ 이 문제의 해결을 위해 현재 어떠한 프로그램들이 실시되고 있는가?
⑧ 현재의 프로그램들을 중단할 경우 예상되는 결과는 무엇인가?
⑨ 변화시키고자 하는 목표는 무엇인가?
⑩ 욕구와 자원 간의 격차를 줄이는 데 도움이 되는 요소와 장애가 되는 요소는 무엇인가?

참고자료

사업의 필요성 예시

① 기관이 위치한 ○○구의 한부모가정은 약 120세대로 추산(○○구, 2015)되며, 이는 타 지역보다 20% 이상 많은 수치이다. 또는 ○○구의 전체 ○○○○세대 중 한부모가정은 약 120세대로 추산되며, 본 기관이 위치한 □□지역 주변에 전체 대상자의 70%인 84가구가 거주하고 있다(△△종합사회복지관, 2016년 주민욕구조사).
② 한부모가정의 경우 아동들을 돌보아 줄 사람이 없고, 가정경제상 학원에 다닐 수 없는 경우가 많다[홍길동(2016). 안남대학교 대학원 석사학위논문]. 또는 한부모가정 아동들의 경우 대부분 부모가 직업을 가지고 있으며, 소득수준은 월 100만 원 이하가 70%, 100~200만 원 이하가 20%, 기타가 10%를 차지하고 있다. 따라서 아동들을 돌보는 데 추가 비용을 지불하거나 학원에 보내기가 어려운 상황이다(△△종합사회복지관, 2016년 주민욕구조사).
③ 따라서 이 아동들을 보호하고 동등한 학습의 기회를 제공하기 위한 프로그램이 필요하다.

출처 : 경상남도 사회복지공동모금회(2007). 2008년 배분사업 설명회.

사회복지 프로그램 제안서에서 흔히 나타나는 문제서술은 “OECD 통계에 의하면 전 세계의 노령인구가 …”, “○○신문 보도에 따르면 결식노인의 수가 10% 증가 …” 등 공식적인 통계자료나 언론에 발표된 내용을 인용하곤 한다.

그러나 위와 같은 내용들은 프로그램과 직접적인 관련이 적은 것들이다. 보다 직접적으로 수행하고자 하는 프로그램의 대상자, 즉 잠정적 클라이언트들의 문제 현황과 원인을 기술해야 한다.

예를 들어, 노인 무료급식 프로그램을 기획한다고 치자. 그렇다면 전국의 노인인구 현황에 관한 사항은 매우 간략하게 언급하고, 프로그램의 대상자가 될 가능성이 있는 노인들의 현황, 특히 문제의 양이나 심각성 등에 대해 기술한다.

참고자료

문제서술 예시

- 대한종합사회복지관이 위치한 중앙구의 한부모가정은 약 120세대로 추산(중앙구 통계자료, 2016)되며, 이는 전국 평균보다 50% 정도 많은 수치이다.
- 한부모가정 아이들의 경우 보호자가 대부분 직업을 가지고 있으며, 소득수준은 월 100만 원 이하가 72%, 100~200만 원 이하가 20%, 기타가 8%를 차지하고 있다. 따라서 아이들을 돌보는 데 추가 비용을 지불하거나 학원을 보내기 어려운 형편이다(대한종합사회복지관, 2016년 주민욕구조사).

2. 대상자 선정

문제의 성격과 원인 그리고 규모가 밝혀지면, 구체적으로 '누가 서비스의 혜택을 받을 것인가?'를 결정한다. 프로그램의 대상자를 선정하는 방법은 문제집단의 분포를 분석해 표적집단을 찾아가는 방법(표적집단 사후계산법)과 표적집단을 먼저 찾고 규모를 계산한 뒤 그 분포를 분석하는 방법(표적집단 사전계산법)이 있다(최일섭·이창호, 1993).

일반적으로 단순히 인구학적 정보를 바탕으로 사회조사 등의 자료를 이용해 문제집단의 규모를 추정하는 방법론인 표적집단 추정방법을 사용한다(Taber & Finnegan, 1980; 최일섭·이창호, 1993).

이 추정방법은 논리성에 바탕을 두어 미리 표적집단의 개념을 설정하고, 그 분포와 규모를 대략적으로 추정하는 방법이다. 네 가지의 인구집단을 구분해 범위를 좁혀가는데, 일반집단, 위험집단, 표적집단, 클라이언트 집단 등이다.

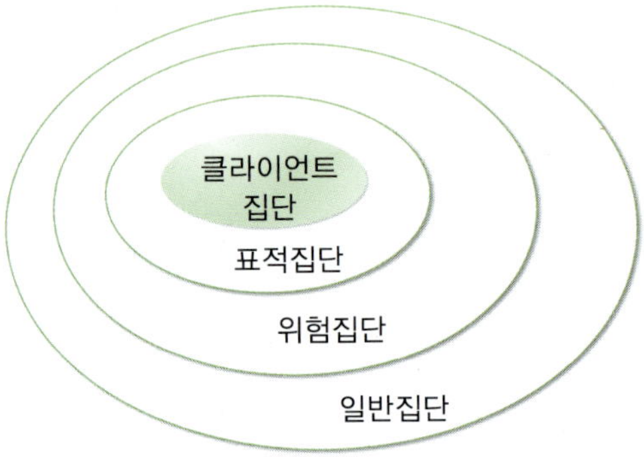

|그림 3-4| 표적집단 추정방법

1) 일반집단

프로그램의 대상자가 될 수 있는 가장 포괄적인 인구집단이다. 프로그램의 대상지역 내에 거주하고 있고, 그 문제와 관련되어 있는 전 인구집단을 지칭한다. 예를 들어, 경상남도가 중학생들의 흡연문제를 해결하기 위한 프로그램을 계획한다면, 여기서 일반집단은 경상남도 소재 중학교에 다니는 25,000명 전체가 된다.

2) 위기집단

일반집단 중에서 프로그램이 겨냥하고 있는 사회문제에 특히 노출되어 있어 취약한 상태에 있는 인구집단을 지칭한다. 해당 사회문제의 영향을 받기 쉬운 사람들을 포함하고, 이미 그 문제를 경험하고 있는 집단을 제시한다. 중학생들의 흡연문제를 해결하고자 한다면 이 문제에 가장 취약한 대상자는 누구인가? 이미 흡연을 하고 있거나, 흡연욕구가 있는 중학생들일 것이다. 중학생들을 대상으로 한 흡연실태 조사나 중학생 흡연율 통계자료가 나와 있다면 쉽게 위험집단의 수를 추정할 수 있다.

3) 표적집단

표적집단은 실행하고자 하는 프로그램의 직접적 대상이 될 수 있는 인구이다. 위험집단 중에서 프로그램의 직접적인 수혜자가 될 적격성(eligibility)을 갖춘 사람들을 말한다. 위험집단의 모든 사람들이 해당 프로그램을 필요로 하지는 않는다. 예를 들어, 흡연문제를 해결하고자 하는 프로그램의 주요 활동내용이 '금연'에 관한 것이라면, '흡연욕구가 있는 중학생'은 해당되지 않기 때문이다. 중학생들의 흡연율에 관한 사회조사 결과가 나와 있다면, 표적집단은 '해당지역의 중학생의 수 X 중학생 흡연율'이 된다.

4) 클라이언트 집단

클라이언트 집단은 표적집단 중에서 해당 프로그램이 실시될 때 실제로 참여하게 될 집단이다. 논리적으로 볼 때 표적집단 전체가 클라이언트 집단이 되는 것이 바람직하지만, 현실적으로 서비스에 대한 접근성 등의 문제로 인하여 표적집단 전체가 클라이언트 집단이 되는 것은 어렵기 때문에 자격이 되는 사람들 중의 일부만 서비스를 제공받게 된다.

예를 들어, '중학생 금연 프로그램'을 창원에서 실시한다고 할 때 진주에 거주하는 중학생들은 서비스를 이용하기 어렵게 된다.

지역사회복지관의 경우 표적집단 중에서 누가 서비스를 받을 것이며, 누가 서비스를 받지 못할 것인가를 결정하는 것은 매우 중요한 사항이다. 예를 들어, 여성들을 위한 사회교육 프로그램을 실시하고자 할 때 평일 낮 시간대에 서비스를 제공한다면 취업여성들은 서비스 이용이 불가능하다.

〈표 3-1〉 장애인 독서활동 프로그램의 예

문제집단	대상인구	인구추계
일반집단	마산시에 거주하고 있는 인구	402,297명
위험집단	마산시에 거주하고 있는 장애인	17,424명
표적집단	마산시에 거주하고 있는 장애인 중 독서능력이 있는 장애인	12,900명
클라이언트 집단	표적집단 중 독서활동 프로그램에 참여의향이 있는 장애인	500명

일반적으로 표적집단과 클라이언트 집단의 수가 일치하는 것이 바람직하지만, 조직의 여건상 불가능할 경우가 많다. 표적집단 중 클라이언트 집단을 선정할 때는 해당 프로그램의 특성과 관련된 기준을 제시하여야 한다. 예를 들어, 경제적 지원 프로그램이라면, 다음과 같은 우선순위를 정하고 클라이언트를 선정할 수 있다. 기초생활보장 수급자, 가구원 수, 자녀 수 등 사회복지기관에서 흔히 사용되는 프로그램 대상자 선정방법 중 '선착순 모집'은 그리 바람직한 방법이라고 할 수 없다.

Chapter 04 욕구조사

1. 욕구의 개념과 유형

1) 욕구의 개념

사회복지 프로그램이 효과적으로 기획, 실행, 평가되기 위해서는 서비스 욕구에 대한 체계적인 분석에 근거해야 한다. 프로그램 기획 차원에서 욕구는 '어떤 구체적인 서비스에 대해 사람들이 갖는 잠재적이면서 내재적인 필요성'을 의미한다. 이러한 욕구는 개인적이 아닌 사회적 차원에서 규정되는 사회적인 욕구를 말한다.

그리고 사회복지 프로그램이 대상으로 하는 욕구는 개인이나 집단이 사회인으로서 기능하는 데 필요한 경제적 · 사회적 · 심리적 · 신체적 욕구를 말하는 것이다. 욕구(needs)와 원함(wants)은 뚜렷이 구분되어야 한다. 이 경우에 욕구란 '필요로 하는 것'을 뜻하는데 누구로부터 규정되는지가 관건이다(김영종, 2013).

Tip

어린아이는 밖에 나가 놀기를 원하지만 엄마는 글자를 배워야 할 필요가 있다고 판단한다. 앞은 아이의 '원함'이고, 뒤는 엄마에 의해 규정되는 아이의 '욕구'가 된다. 원함과 욕구가 일치할 수도 있다. 배가 고파서 먹기를 원하고, 엄마가 먹여야 할 필요를 인정하는 경우다.

2) 욕구의 유형

욕구의 유형에는 인간 욕구와 사회적 욕구로 구분해 볼 수 있다. 인간 욕구와 관련한 욕구를 설명한 이론에는 매슬로(Maslow)의 욕구단계설, 앨더퍼(Alderfer)의 ERG 이론을 들 수 있다.

(1) 인간 욕구

인간 욕구(human needs)는 인간이 어떠한 목적을 위하여 필요하거나 필수적인 것이 결핍될 때 갖게 되는 공통적인 모든 욕구를 말한다. 인간의 기본적 욕구로서 생물학적·심리학적 욕구가 이에 해당한다.

① 매슬로(Maslow)의 욕구단계설

이 이론은 인간은 인생의 전 과정 동안 목표를 추구하고, 그 목표를 달성하기 위해 인간 내부에서는 끊임없이 충동이 일어나며, 이것이 동기가 되어 일정한 형태의 행동이 일어나게 된다고 하였다. 그리고 이런 충동의 근원인 욕구는 5단계의 욕구위계(needs hierarchy)를 형성한다고 보았다. 5단계의 욕구위계를 제시해 보면 아래와 같다.

㉠ 생리적/ 신체적 욕구

먹고 싶은 욕구, 따뜻하게 하려는 욕구, 고통받고 싶지 않은 욕구, 그리고 성적인 욕구 등을 말한다. 이러한 욕구는 생존하기 위하여 필수적으로 충족되어야 하는 가장 기본적인 것이며, 이 욕구가 충족되고 나면 다음 단계의 욕구가 발생한다.

㉡ 안전에 대한 욕구

이미 충족된 생리적 욕구를 박탈당하지 않으려는 욕구를 말한다. 신체적인 안정상태의 유지와 관련된 욕구이며, 환경의 위험으로부터, 예상할 수 없고 조정할 수 없는 위험으로부터 보호받으려는 욕구이다.

㉢ 소속과 애정에 대한 욕구

생리적 욕구와 안전에 대한 욕구가 충족되고 나면, 다른 사람과 친밀하고 정서적인 만족을 얻을 수 있는 관계를 갖기 원한다. 다른 사람에게 인정받고 싶고, 사랑을 주고 싶고, 또한 받고 싶어 한다. 그리하여 일차적으로 가족과 같은 집단을 형성하고 집단의 규범에 속하고 싶어 한다.

㉣ 자아존중의 욕구

자기존중에 대한 욕구이며 자신과 다른 사람으로부터 존중받으려는 욕구이다. 인간은 힘과 경험, 자격, 능력, 독립, 자율성, 지위, 인정 그리고 우월성 등을 인정받기를 원한다. 이러한 욕구가 충족되지 못하면 열등감을 갖게 되고 나약해지고 의기소침하게 된다. 자존의 욕구가 충족되면 자신감이 생기고 힘이 커지고 능력이 생겨난다. 자존은 다른 사람으로부터 받는 존경에 의해서 생겨난다.

㉤ 자아실현의 욕구

일반적으로 이 욕구는 앞의 네 가지 욕구가 어느 정도 충족된 후에 일어난다. 자아실현은 인간의 잠재적인 것과 이상적인 것의 실현이라고 할 수 있으며 인간 능력의 충족이다. 이것은 탐구, 표현, 창의 등의 욕구이며 이러한 욕구충족을 통해서 자아를 실현하려는 것이다.

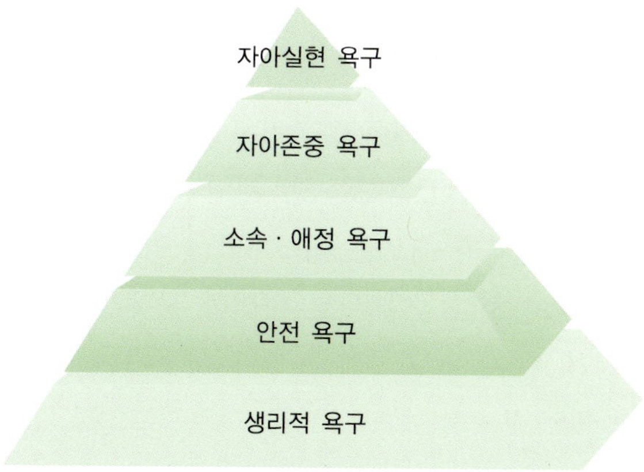

|그림 4-1| 매슬로(Maslow)의 5단계 욕구모형

② 앨더퍼(Alderfer)의 ERG 이론

이 이론은 욕구의 범주를 매슬로(Maslow)와 마찬가지로 구분하면서 좀 더 세부적으로 저차원 욕구와 고차원 욕구로 구분하였다. 그리고 매슬로의 5단계 욕구를 토대로 인간의 욕구를 존재욕구(E), 관계욕구(R), 성장욕구(G)의 세 가지 범주로 나눈 ERG 이론을 개발하였다. ERG 이론은 하위욕구의 충족 시 다음의 상위욕구로 진행된다는 매슬로의 욕구단계설과는 달리, 인간의 욕구는 상향 또는 하향으로 쌍방향이며, 상위욕구가 충족되지 않거나 좌절할 때 그보다 낮은 하위욕구의 중요성이 커진다는 것에 기초하고 있다. ERG 이론의 세 가지 욕구에 대하여 간단히 설명해 보면 다음과 같다.

㉠ 존재욕구(existence needs)는 배고픔, 갈증, 안식처 등과 같은 생리적·물질적 욕망들이다. 또 월급과 부가급부(fringe benefit) 및 육체적 작업조건 등과 같은 물질적 욕구가 이 범주에 속한다. 이러한 형태의 욕구는 생리적 욕구, 안전의 욕구와 비교할 수 있다.

㉡ 관계욕구(relatedness needs)는 가족구성원, 감독자, 공동작업자, 하위종업원, 친구 등과 같은 타인과의 관계와 관련되는 모든 욕구를 포괄한다. 따라서 상호 간의 수용과 확인, 이해 및 영향 등의 관련 과정의 요소가 되고 있으며, 동시에 이들 요소들은 할당과정(process of sharing)과 상호 간의 감정(mutual of feeling)에 의존하게 된다. 이러한 욕구는 매슬로의 안전욕구, 소속과 애정의 욕구와 유사하다.

㉢ 성장욕구(growth needs)는 창조적 성장이나 개인적 성장과 관련된 모든 욕구를 포괄하고 있다. 이러한 욕구는 한 개인이 자기능력을 최대한으로 이용할 수 있을 뿐만 아니라 새로운 능력개발을 필요로 하는 일에 종사함으로써 욕구충족이 가능하다. 그러므로 이러한 성장욕구는 매슬로의 5단계 욕구 중 자아실현 욕구 및 존경의 욕구와 비교될 수 있다.

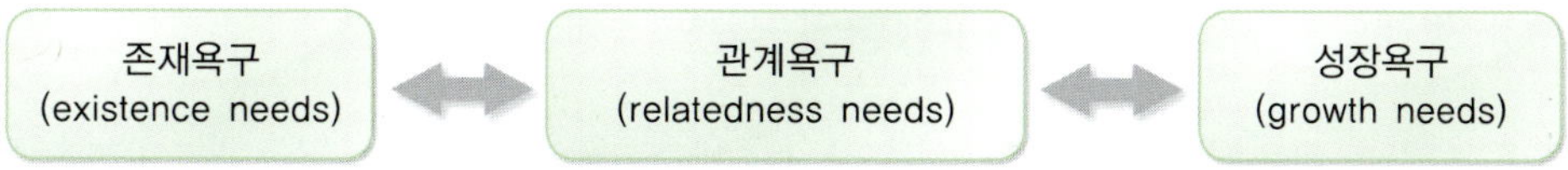

|그림 4-2| 앨더퍼(Alderfer)의 ERG 이론의 3가지 범주

(2) 사회적 욕구

사회적 욕구는 모든 사람들이 생존, 성장, 충족을 위해서 필요한 기본 요건들이다. 즉, 적절한 주거, 영향, 보건, 지식, 소득, 사회참여, 정치활동, 개인의 자유와 같은 것을 포함한다. 사회적 욕구는 언제나 존재하며, 개인의 욕구가 다수의 욕구로 확대되면 이는 곧 사회적 욕구로 확대되는 것이다(정무성, 2011). 한국청소년개발원(1997)은 사회적 욕구에 대한 정의를 세 가지로 제시하였는데, 첫째, 가장 광범위하게 통용되고 있는 차이(discrepancy)로서의 욕구로, 욕구란 실제적인 상태가 목표로 하는 수준보다 더 낮은 상태를 의미한다. 여기서 목표로 하는 상태란 마땅히 되어야 한다고 생각하는 이상, 규범, 기대 그리고 지각을 포괄하는 것이다. 둘째, 바람(wants)이나 취향(preference)으로서의 욕구로 '나는 이러한 것을 바라고 있다'라는 뜻이다. 셋째, 결핍(deficit)으로서의 욕구로 부족성을 나타낸다.

사회적 욕구는 인간의 욕구를 성향이 비슷한 6개의 범주로 다음과 같이 분류하고 있다(성규탁, 1998).

㉠ 적절한 소득과 경제적 기회(고용, 소득유지, 소비자 보호 등)
㉡ 기본적 물질적 욕구를 충족하는 데 필요한 적정한 환경조건(음식, 영양, 의복, 주거, 교통, 안전, 사법 등)
㉢ 적절한 보건(공중보건, 의료, 정신건강, 재활 등)
㉣ 적절한 지식과 기능(교육, 도서관, 특수교육 등)
㉤ 적절한 개인적・사회적 적응 및 개발(가족상담 및 가족지원, 아동보호, 위기개입, 휴양, 집단의 복지활동, 문화 및 종교활동 등)
㉥ 적절한 사회조직체를 통한 충족(지역사회 및 정치적 조직, 인간 및 경제적 개발, 커뮤니케이션, 조사연구 등)

3) 브래드쇼(Bradshow) 욕구유형의 적용

욕구의 정의는 누가 기준을 설정하느냐에 따라 달라질 수 있는데, 브래드쇼는 사회문제를 욕구의 측면에서 네 가지 유형으로 분류하여 제시하였다.

(1) 규범적 욕구(Normative Needs)

전문가의 판단에 의해 규정된 욕구로서 전문가의 판단에 미치지 못한 상태를 욕구가 있는 상태로 규정한다. 전문가의 판단은 권위, 습관, 여론에 의해 형성된 기준인 규범을 토대로 욕구를 규정한다. 예를 들면, 어린이의 영양기준, 정부가 정한 절대빈곤선/ 최저임금 등이 여기에 속한다.

이 욕구는 객관적인 목표 설정과 계량화가 쉽고 구체적인 변화의 표적을 제공할 수 있으나, 여러 욕구단계가 지식, 기술, 가치변화에 따라 변화하기 쉽다는 것이다. 그리고 그 기준이 사람마다 다를 수 있고 시간에 따라 변할 수 있어 자칫 논란을 일으킬 위험의 소지가 많다.

규범적 욕구는 기존의 자료, 지역사회의 조사, 전문가의 의견으로 제안된 목표이다. 이러한 목표는 기존의 서비스 수준과 비교가 가능한 비율로 표시된다. 이 수준에 미치지 못할 때 욕구가 있다고 본다.

(2) 인지적 욕구(Perceived Needs)

개개인이 느끼는 욕구로서 선호(wants)와 같다. 즉, 사람들이 자신의 욕구로 생각하는 것, 욕구로 되어야 한다고 느끼는 것이다.

인지적 욕구는 주로 사회조사를 통해 개개인의 응답자에게 그들이 필요로 하는 것을 물어보는 방식으로 욕구를 파악한다.

이 욕구의 특징은 규범적 욕구는 하나의 기준이 존재하는 데 비해, 인지적 욕구는 각각의 반응에 따라 기준이 변형되며, 불안정하고 상황에 따라 수시로 변할 수 있다는 것이다. 브래드쇼는 인지적 욕구는 개인마다 다르기 때문에 이용자의 '진짜 욕구'로 추정하는 것은 적절하지 않다고 말하고 있다(예 느끼지만 해결

할 의지는 약하다 : 마약, 약물, 담배).

이용자는 문제의 원인이 아니라 실질적인 증상을 호소하며, 전문가는 이용자의 실질적인 욕구라고 간주되는 것에 대해 서비스를 제공하는 경우가 많다.

(3) 표출적 욕구(Expressed Needs)

서비스의 수요에 기초한 욕구로서 필요하다고 느껴진 욕구가 행동으로 표출된 것이다. 표출적 욕구는 전문가가 개인이 서비스를 필요로 하는지의 여부를 판단하기보다는 개인이 실제로 서비스를 얻기 위한 노력을 했는지의 여부에 초점을 둔다.

(4) 상대적 욕구(Comparative Needs)

다른 사람이나 타 지역과 비교해서 정해지는 욕구를 말한다.

2. 욕구조사의 필요성과 절차

1) 욕구조사의 필요성

욕구조사란 클라이언트가 당면한 문제나 필요한 욕구, 낮은 수준에 처해 있는 삶의 질, 또는 사회복지전문가적 필요 등에 대하여 정확하게 사정하는 것이다. 클라이언트의 잠재적인 욕구들을 사정하지 않고는 프로그램의 진정한 욕구를 확보하기 어렵다. 그런 의미에서 욕구조사는 관심의 초점인 대상 클라이언트 집단의 충족되지 않고 있는 욕구의 범위와 수준을 파악하고 복지수요를 추정하는 과정이라고 정의할 수 있다(정무성, 2011).

욕구조사의 기본적 목적은 클라이언트 집단의 욕구를 파악하는 것이며, 이때 욕구의 범위는 단순히 클라이언트가 인지하는 욕구뿐만 아니라 비인지적이지만 잠재적인 또는 앞으로 발생할 욕구까지 포함한다. 그러나 욕구조사는 단지 클라이언트의 욕구의 종류를 파악하기 위한 목적뿐만 아니라 기존의 새로운 프로그램을 개발 또는 보완하기 위해 할 수도 있고, 일반적인 사회조사를 위해 수행할 수도 있다(Roth, 1990, 김학주, 2004 재인용).

일반적으로 욕구조사에서 욕구조사 담당자는 욕구조사를 통해 프로그램을 설계하고, 집행하며, 이에 대하여 욕구조사를 재실시하고, 다시 프로그램을 재설계하며, 집행하고, 평가하는 등 프로그램 개발과 평가의 순환적 과정에 참여한다(정무성, 2011).

(1) 정보의 획득

욕구조사는 이용자에 대한 현재 실태 또는 문제의 욕구를 규범적 가치에 의하여 판단하거나, 욕구적 가치에 의하여 판단할 수 있는 정보획득이 가능하다.

(2) 객관성의 확보

욕구조사는 정보의 획득과정이 생태학적·개별화적 오류에 의하여 왜곡되지 않도록 체계적인 조사방법을 적용하여 객관성이 확보되기 때문에 지역사회(주민)의 욕구나 문제의 사정이 정확하고 보편적이다.

(3) 실증적 방법

욕구조사는 객관성 확보는 물론 이론의 형성에 매우 중요한 기제로 작용한다. 이용자의 욕구를 실제 조사(측정)함으로써 욕구사정에 따른 결론이나 정책대안이 실제로 유효하다는 것을 증명할 수 있다. 또한 계량화 또는 자료화하여 제공할 수 있고, 가설에 대한 확인도 가능하다.

(4) 이용자 중심의 비전 및 프로그램 개발

욕구조사는 이용자의 욕구수준과 참여수준, 변화과정 등에 따라 다양하고 효과적인 접근방법을 마련할 수 있는 정보를 제공해 줄 수 있다. 이는 일차적으로 효율적인 자원배분과 관리가 가능하게 하며, 이에 따라 이용자의 문제해결에 가장 효과적인 접근방법을 마련할 수 있다. 즉, 단기적으로 이용자 중심의 프로그램 개발이 가능할 뿐만 아니라, 중・장기적인 사업비전을 마련할 수 있다.

(5) 책임성에 대한 평가와 발전의 기초

욕구조사는 조사를 통해 나타난 결과를 토대로 사업평가의 주요한 측정지수로 작용하며 사회복지기관의 존립에 대한 근거를 마련하는 중요한 과정이다. 특히 욕구조사 결과 나타난 문제와 욕구는 이용자의 문제해결을 위한 실천지표가 될 수 있으며, 이는 단기적, 중・장기적으로 해결해 가는지에 대한 평가를 가능하게 한다.

(6) 홍보와 참여의 기회 제공

욕구조사는 사회복지관과 지역주민이 직접 대면하게 되는 매우 중요한 접촉의 기회이다. 이는 곧바로 홍보참여의 기회를 제공함과 동시에 지역주민들의 참여수준을 판단할 수 있는 중요한 지표로서 기능하게 된다. 따라서 별도의 홍보물을 마련하는 것이 효과적이며, 조사과정을 통한 홍보효과에 대한 평가도 의미가 있을 것이다.

2) 욕구조사의 절차

욕구조사의 과정은 크게 세 가지의 과정을 거친다. 첫 번째 단계는 문제인식의 단계로 무엇이 욕구인가를 명확하게 규정해 가는 단계이며, 두 번째 단계는 욕구를 어떻게 정확하게 측정할 수 있는지를 살펴보는 욕구측정의 과정이다. 세 번째는 무엇을 측정할 것인가로 이론을 기반으로 조사될 영역에 대한 구체적인 설계안이 제시되는 과정이다.

첫 번째 단계인 문제인식의 단계에서 현상 속에서 사회복지 문제의 핵심을 끄집어내고, 이를 토대로 사회복지적 대안을 자유롭게 모색하는 과정이다. 이를 통하여 다양한 대안을 탐색할 수 있다.

두 번째 단계인 욕구측정의 과정은 전문가적 관점에서 규정되는 규범적 욕구와 클라이언트의 관점에서 규정되는 표현적 욕구가 포함되어야 하며, 욕구의 크기인 강도가 나타나게 된다. 표현적 욕구와 욕구강도의 수준에 따라 다양한 프로그램의 대안이 마련될 수 있다.

세 번째 단계인 이론기반 조사설계는 욕구측정을 위하여 욕구이론을 적용하여 욕구조사의 내용을 구성하는 방식으로 욕구조사 설계의 가장 핵심이다(우수명, 2004b).

특히 문제확인 및 욕구측정 과정은 문제와 욕구의 정의에 대한 사회적 합의가 이루어졌다고 보고, 구체적으로 '누가(얼마나 많은 사람이)', 그 문제 혹은 욕구를 '얼마나' 가지고 있는가를 과학적으로 계산하는 과정이다.

(1) 문제의 분석적/ 조작적 정의

문제를 분석하고자 할 때는 먼저 다루는 문제에 대한 개념정의가 있어야 한다. 예를 들면, '범죄'라 할 때 그 범죄를 구성하는 구성요소들이 무엇인가에 대해 정의해야 한다.

또한 문제의 측정을 위해 그 개념을 계량적인 용어로 조작화할 수 있어야 한다. 예를 들면, '빈곤'이라 할 때 그 분석의 도구와 단위는 무엇인가? 도구는 돈으로 환산된 월소득 혹은 연간소득이며, 분석단위는 빈곤한 가구 혹은 개인이다. 이처럼 문제의 확산범위를 파악하고자 할 때 먼저 그 문제의 개념과 분석도구/ 단위 등을 조작적으로 정의할 수 있어야 한다.

(2) 표적집단 분포 확인(표적집단 사전/ 사후 확인)

표적집단의 분포를 확인하는 것은 서비스를 받을 사람들을 파악하는 하나의 방법이다. 이 과정을 통해 서비스를 받을 자격이 있는 사람들을 구체화하여야 한다.

(3) 문제규모, 심각도 분석

문제의 규모나 심각도는 문화적 생활을 영위하는 데 위협을 준다고 인지하는 정도에 따라 다르다. 또한 그러한 상태를 문제로 규정하는 사람들의 규모와 지위에 따라 다를 수도 있다.

(4) 문제의 경향분석

그 문제의 발생성격이 시간에 따라 어떤 모습을 보이고 있는가를 시계열적으로 측정하는 것이다. 이 문제의 경향분석은 문제의 심각도를 객관적으로 측정하는 데 아주 중요한 개념이다.

(5) 기존 서비스 분석

문제의 확인과정에서 문제의 발생 혹은 확산뿐만 아니라 그 문제의 해결을 위해 현재 어떤 노력이 얼마만큼, 또 얼마나 효과적으로 이루어지고 있는가를 파악하는 것이다. 기존의 노력은 해당 기관의 기존 서비스나 관내의 타 기관이 제공하는 유사 서비스 등 모든 노력을 포함한다. 기존의 대처방법에 대한 정확한 평가를 할 수 있어야 새로운 계획의 방향이 명확해진다.

(6) 종합정리

문제분석 및 욕구조사는 얼마나 많은 사람들이 어떤 서비스를 필요로 하는가를 측정해 내는 것이다. 문제분석은 첫째, 이용자, 즉 대상 집단의 상태, 둘째, 서비스 내용 및 전달의 충분성, 적합성, 셋째, 서비스 중복 혹은 특정 집단의 누락 등에 관심을 두고 이에 대한 정보를 체계적으로 조사하는 작업이라고 할 수 있다.

3. 욕구조사의 방법

1) 직접적 욕구조사 방법

직접적 욕구조사방법은 대상집단 혹은 대상집단을 직접 상대하거나 관계를 하고 있는 제3자들을 직접 대면하여 욕구를 파악하는 방법으로 직접관찰법(일반인구조사, 표적인구조사, 델파이기법, 관찰법, 심층면접법, 직접경험법, 지역사회 공개토론회)과 사례조사(프로그램 운영자·서비스 제공자 조사, 주요 정보제공자 조사, 서비스 통계 이용)가 있다.

(1) 직접관찰법

대상집단에게 직접 물어보거나 검색하여 욕구를 파악하는 방법으로 사회조사(일반인구조사, 표적인구조사, 델파이기법), 관찰법, 심층면접법, 지역사회 공개토론회 등이 있다.

① 일반인구조사 방법

이 방법은 지정된 지역 내 주민들 가운데서 추출된 표본으로부터 면접 또는 설문지를 통하여 자료를 얻어 이 자료를 기초로 욕구를 측정하는 것이다. 주로 주민 개개인이 인정하는 문제, 문제를 가진 개인들과 이들의 특성, 개개인이 이용할 수 있는 서비스 또는 혜택, 종류, 이를 이용할 의욕 및 이용하는 데 장애가 되는 요인, 사회문제와 서비스 또는 혜택 제공자에 대한 정보 등을 얻을 수 있다.

이 방법은 사용된 조사방법과 조사도구(설문지)를 다른 지역에서도 그 지역의 특수성에 맞게 수정/ 보완해서 사용할 수 있다. 조사도구는 선정된 도구에 맞도록 첨가 또는 삭제할 수 있기 때문에 다른 조사기법을 보완할 수 있다. 조사도구는 선정된 응답자 또는 지역에 알맞도록 길게 또는 짧게 만들 수 있기 때문에 신축성이 있다. 반면에 비용이 많이 들며 전문적 조사기술을 요하고, 상당한 시간(6~12개월)과 인원을 필요로 한다.

② 표적인구조사 방법

일반인구 중의 어떤 특성을 가진 사람(표적집단)들을 대상으로 설문조사를 실시하여 욕구와 서비스 이용상태 등을 파악하는 기법이다. 표적인구조사를 통해서 표적인구가 가지는 문제, 표적인구가 원하는 혜택을 보다 구체적이고 세밀하게 파악할 수 있다. 표적집단은 일반집단 중 서비스의 자격요건, 즉 소득/ 연령/ 건강/ 성별 등의 변수나 서비스의 현재 이용수준/ 지리적 변수(시·군·구 등) 등 층화해 나눈 집단을 말한다. 표적인구를 선정하는 작업은 일반인구조사의 절차와 비슷하며, 일반인구를 단계적으로 나누어서 그 일부만을 표집하는 것이다.

③ 델파이기법

이 기법은 전문적인 지식을 가진 주요 정보제공자들을 활용하는 방법이다. 관련 전문가들을 선정하여 주요 관심사에 대한 설문지를 발송한 후 회수된 응답 내용을 합의되지 않은 부분과 합의된 부분으로 정리한다. 그리고 합의되지 않은 내용에 대해서는 이유와 함께 2차 설문지를 발송하여 의견을 묻고 계속 동일한 방식으로 일정 정도의 합의점에 도달할 때까지 설문결과를 참고하여 다시 응답하게 하는 절차를 반복한다.

이 기법은 참가자를 익명으로 할 수 있어 발언권이 세고 우세한 참가자의 영향력을 줄일 수 있고 개인의 이권행사로부터 오는 부정적 영향력을 최소한으로 줄일 수 있으며, 참가자의 이름이 나타나지 않기 때문에 집단의 압력을 크게 줄일 수 있고, 응답자의 시간을 효율적으로 쓸 수 있다.

④ 심층면접법

조사대상 집단 중에서 주요하게 정보를 제공해 줄 수 있는 사람을 다양한 형태로 샘플링하여 심층적으로 면접하는 방법으로 집단의 크기는 8~12명 정도가 좋으며, 대상 선정 시 여러 가지를 고려하여야 한다.

⑤ 관찰법

관찰자가 조사대상(개인, 집단, 지역사회 등)의 행동이나 사회현상을 현장에서 직접 보거나 들어서 필요한 정보나 상황을 정확히 알아내는 방법이다. 이러한 관찰법에는 사람이 행하고 말하는 것을 관찰하는 방법과 사람들에게 자신과 타인의 행동에 대하여 질문하게 하는 방법이 있다.

⑥ 직접경험법

조사자가 실제 상황에 들어가서 생활을 통해 조사하는 것이다(예 노숙자 조사 등).

⑦ 지역사회 공개토론회/ 공청회

지역사회 주민들은 자신들이 살고 있는 지역의 욕구나 문제 등을 잘 알고 있다는 전제에서 조사자가 모든 사람들이 참여할 수 있는 공개 공청회를 개최하여 의견을 발표하도록 하는 기법이다. 이 방법은 매우 경제적이며, 광범위한 주민계층 및 집단의 의견을 모을 수 있다. 또 이러한 모임은 지역사회를 위한 정책의 기획 및 개발을 촉진할 계기가 될 수 있으며, 여러 주민들의 의견종합은 물론 문제에 대한 특별한 지식과 관심을 개인이나 집단 또는 기관별로 구별할 수 있다.

(2) 사례조사

알려고 하는 대상집단을 직접 상대하거나 관계를 하고 있는 제3자들을 접촉하여 증언을 듣는 방법으로 프로그램 운영자·서비스 제공자 조사, 주요 정보제공자 조사, 서비스 통계 이용 등이 있다.

① 프로그램 운영자/ 서비스 제공자 조사

이 방법은 서비스를 직접 제공하거나 프로그램을 운영하는 사람을 만나 이용자와 관련된 여러 가지 상황들을 알아보는 것이다.

이 조사방법의 장점은 사회적으로 잘 알려져 있지 않거나, 다루기 어려운 문제들에 관한 정보를 얻을 수 있으며(마약 및 알코올 중독, 성병, 미혼모 문제, 문맹자, 영양실조, 아동학대 등), 지역사회 및 기관의 자원에 대한 정확한 정보를 얻을 수 있다. 지역사회의 전반적인 상황과 개개 문제를 파악하는 데 매우 도움이 되는 자료를 얻을 수 있으며, 전문적인 욕구를 바탕으로 욕구를 측정할 수 있다.

반면에 제공자들이 식별한 문제는 대상인구의 실제 문제라기보다 제공자의 문화적 또는 계급적 편견일 수 있고, 제공자들은 주로 수혜자만을 상대하기 때문에 수혜자에 관한 자료만을 제공할 수 있으며, 자신들의 기관에서 제공하는 또는 제공하게 될 서비스나 프로그램으로 충족할 수 있는 욕구에 대해서만 관심을 가지는 경향이 있다.

② 주요 정보제공자 조사

프로그램 운영이나 서비스 전달에는 직접 참여하지 않지만 지역사회에서 오랫동안 거주했거나 그 지역의 사정을 잘 알며, 대상 주민들의 사정을 대변할 수 있는 사람들(공직자, 지역유지, 선출된 사람, 자문단, 전문직을 가진 사람들 등)로부터 대상집단의 욕구 및 서비스 이용실태를 파악하는 방법이다.

이 조사방법은 주민 대다수의 문제나 지역적인 관심사 또는 논의대상이 될 가능성이 있는 문제를 알려주며, 지역사회 지도자나 정치가가 계획된 사업이나 프로그램을 지지 또는 반대할 분야를 지적해 주며, 주민들 중 정치적으로 활동적이고 요청이 많은 집단이 관심을 갖는 문제들을 제시해 준다. 또한 기존 조사방법을 이용할 수 있고, 비용이 적게 들고, 신축성이 있으며, 현재 가진 요원들을 그대로 이용할 수 있다는 것이다. 그러나 이 방법은 직접 제공자들을 만나 면접을 해야 하기 때문에 많은 면접자를 활용해야 한다. 그리고 주요 정보제공자가 보는 문제는 흔히 정치적 의식이나 감정으로 결정될 가능성이 많으며, 주요 정보제공자를 선정하는 과정 또한 인위적이기 때문에 잘못 선정된 제공자의 의견을 수렴하는 반면 제외된 제공자의 의견은 받아들이지 못하는 경우가 생긴다. 그리고 지역사회지도자 또는 정치지도자는 그들과 가까운 사람들만을 대변하는 경우가 많다. 그래서 어떤 주민집단은 그들의 관심에서 제외될 수 있다.

③ 서비스 통계 이용

이 조사방법은 주민들의 내재된 욕구를 가장 잘 파악하는 방법으로 기존 서비스 기관의 서비스 이용 통계를 분석하는 방법이다.

2) 간접적 욕구조사 방법

간접적 욕구조사 방법은 조사대상 집단을 정확히 알지는 못하지만 얼마간 관련이 있는 정보의 출처들을 이용하여 대상집단의 욕구나 문제를 추산해 내는 방법으로 사회지표 분석, 행정자료 조사 등이 있다(정무성, 2011).

(1) 사회지표 분석

각종 정부기관이나 연구기관 등에서 정기적 혹은 비정기적으로 발표하는 다양한 사회지표나 조사자료(장애인 실태조사, 사회복지 수요조사)를 활용하여 지역사회의 욕구를 파악하는 방법이다. 일정한 행정지역 또는 지역사회의 상태를 파악하기 위해서 기존 공공자료(인구조사자료, 보건의료자료)를 이용한다.

지표분석 방법 중 특히 사회 및 보건지표 분석방법은 공공기록문서와 보고서에 기록된 통계자료를 바탕으로 욕구를 측정하는 것이다. 사회경제적 지위 또는 저소득지역 같은 지표는 주민들의 욕구를 지적할 수 있다고 가정하는 것이다. 사회지표 분석법은 정책계획 첫 단계에 해당 지역에 대한 사정을 파악하는데 매우 적절한 방법이다.

그러나 지표를 사용해서 특정 지역주민의 욕구를 추정하는 데에는 한계가 있다. 이는 해당 지역의 사정에 적합한 지표가 거의 부재하기 때문이다. 이러한 지표는 특히 사회 및 보건지표 등 공신력이 있는 보고서나 문건에 기록된 통계자료를 바탕으로 욕구를 측정하는 것이 좋다. 지표를 사용할 때 반드시 고려해야 할 것은 자신이 직접 조사한 자료가 아니라 2차적인 자료라는 점에서 신뢰성과 타당성이 있어야 하며 실제로 욕구를 측정할 수 있는 공인된 자료이어야 한다는 것이다.

참고자료

가장 많이 활용되는 지표

① 경제(소득수준, 운영경비, 자금관리, 자금대출 등)
② 고용(직업종류, 근무연한, 직업에 대한 열성 정도, 직업교육의 필요성, 실직자 수 등)
③ 가정생활(부모 자녀 관계, 아동의 적응상 문제, 부부관계상 문제, 이혼율 등)
④ 교육(성인들의 교육 정도 및 교육의 필요성, 아동의 학교적응, 학교 중퇴율, 학교성적 등)
⑤ 주택(밀집도, 주택의 상태, 협소한 정도 등)
⑥ 신체 및 정신 건강(만성적 신체장애, 사망원인, 질병발생률 등)
⑦ 가정관리(아동 양육 및 보호, 주택 수리 및 유지 등)
⑧ 레크리에이션(여가활동, 운동, 문화적 활동 등)
⑨ 일상생활에 대한 만족(지역사회와의 연대감, 자기평가 정도 등)
⑩ 사법(성인범죄율, 소년비행률, 범죄에 대한 공포, 사법기관과의 관계 등)

(2) 행정자료 조사

이 조사방법은 행정기관과 은행, 각종 협회, 연구소 등 사회단체가 행정 및 관리를 위해서 수집/ 기록한 것으로서 확보하기 어려운 서비스 또는 혜택에 관한 자료를 포함하고 있고 주민들의 특성에 관한 정보를 포함하고 있기 때문에 주민들의 문제를 파악하는 데 유용하게 활용할 수 있다. 그리고 행정자료는 주민들의 요청사항, 공익사업의 동향, 특별한 연구를 요하는 대상인구 또는 지역에 관한 중요한 정보를 제공한다.

3) 욕구조사 방법의 선택과 적용

욕구조사의 방법들은 구체적인 자료 확보와 그로부터 욕구의 규모를 추산해 내는 데 필요한 고도의 기술적 방법을 필요로 한다. 따라서 욕구조사를 진행하는 전문가는 주어진 욕구조사의 상황에서 어떤 기법들이 적절한지를 취사선택할 수 있는 지식을 가져야 한다.

적절한 기법을 선택할 때에는 욕구조사의 목적, 욕구조사가 수행되는 기관의 성격, 특정 자료들의 가용성, 측정의 정교화가 요구되는 정도 등을 복합적으로 고려하여 결정해야 한다. 그리고 복수의 자료수집 기법들을 동시에 적용하는 것이 좋다. 각각의 기법들이 가지고 있는 자료수집의 장·단점을 서로 보완해서 욕구조사의 신빙성을 높일 수 있기 때문이다.

예를 들어, 지역사회 포럼과 서베이 조사를 같이 사용하면, 자유로운 지역사회의 의견수렴과 전반적인 분위기를 파악하면서 표준화되고 수량화된 욕구조사도 동시에 가능하다. 그러나 이들이 모두 주민 관점의 자료수집이라는 한계가 있으므로, 여기에 서비스 기관의 자료나 2차자료들을 추가해서 비교해 보면 보다 풍부하고 균형 있는 욕구조사가 될 수 있다. 비록 제한된 비용이라는 현실을 고려하더라도, 동일 비용으로 하나의 기법에 투자하기보다는 둘 이상의 기법 활용이 가능한지를 우선 검토할 필요가 있다(김영종, 2013).

Chapter 05 목적과 목표 설정

1. 목표설정

프로그램 기획과정에서 목표는 프로그램으로 하여금 문제해결을 향하도록 안내하는 기능을 하며, 목표에 의해 프로그램이 평가되기 때문에 목표설정은 중요한 과정이다. 목표는 해결하고자 하는 문제에 대해 프로그램 실행을 통해서 기대할 수 있는 성과를 진술한 것으로, 문제의 원인에 대한 구체적인 분석으로부터 시작된다. 목표는 프로그램을 통한 영향(impact)을 서술하는 것이므로 "어떠한 서비스를 몇 회 제공할 것이다"와 같은 활동내용의 관점이 아니라, 서비스를 제공받은 클라이언트들에게서 기대할 수 있는 바람직한 변화상태를 진술하여야 한다. 따라서 문제분석과 목표진술은 상호 연관되어야 하며, 또한 표적집단에 대해 실현가능성이 있어야 하고, 대다수의 사람들이 이해할 수 있을 만큼 명확하고 일반적인 용어로 표현한다(Taber, 1988).

1) 목표란 무엇인가?

넓은 의미의 목적은 이상 혹은 희망상태를 나타내는 것으로 프로그램이 성취하고자 하는 목적지(destination)를 의미한다. 목적은 '우리가 상황을 제거하거나 예방 또는 개선시키면 어떠한 이상적인 조건이 나타날 것인가?', '우리가 대상으로 하고 있는 집단에 바람직한 장기적 조건은 무엇인가?'라는 물음에 대한 답이라고 할 수 있다.

프로그램이 종료되고 난 후 클라이언트에게 예상되는 결과를 목록화해 본다. 클라이언트의 소득, 지식, 행동, 신념 등이 어떻게 변화될 것인가를 예측하는 것이다.

목표설정은 확인된 문제와 욕구의 실태를 바탕으로 그 원인을 분석하고, 프로그램의 개입방향과 수준을 결정하는 과정이다(최일섭·이창호, 1993 : 191). 확인된 문제를 해결하고 욕구를 충족시켜 주는 것이 목표라면, 프로그램의 목표는 드러난 현상을 없애는 것에 그쳐서는 안 되고, 문제의 원인을 제거하는 것이어야 한다.

제3장에서도 강조했듯이 '결식'이라는 현상을 제거하기 위해 '무료급식' 프로그램만 추진한다면 아마 영구적인 프로그램이 될 것이다. 결식의 원인이 돈이 없어서라면 목표는 소득향상이 될 것이고, 가족구성원 간의 불화 때문에 밥을 굶고 있다면 가족관계 개선이 목표가 될 것이다.

이렇듯 목표설정은 문제의 구체적인 원인 분석으로부터 도출되고, 앞으로 활동내용을 구성하는 데 어떠한 방법으로 개입할 것인지, 그리고 개입의 결과가 얼마나 효과적이었는지에 대한 평가와도 연결된다.

목표설정은 문제의 형태와 규모 및 원인 분석, 문제의 원인과 해결 간의 논리적 모델, 클라이언트 집단의 성격과 규모, 기관의 정책, 자원 동원가능성 등에 의해 범위와 방향이 정해진다(최일섭·이창호, 1993 : 192).

목표설정에서 가장 중요한 것은 프로그램 실행을 통해 무엇을 성취할 것인가를 분명히 하는 것이다. 간혹 독수리 오형제도 하기 힘든 것을 프로그램 목표로 제시하는 경우도 있다. 프로그램의 비용효과성이 높게 보이려고 과장하거나, 성취할 수 없는 것을 목표로 삼는 것은 허황된 것이다.

프로그램 기획과 관련된 목표라는 용어는 목적, 목표, 세부목표 등으로 구분하여 사용된다. 이 세 가지 목표 간의 관계를 그림으로 나타내면 다음과 같다.

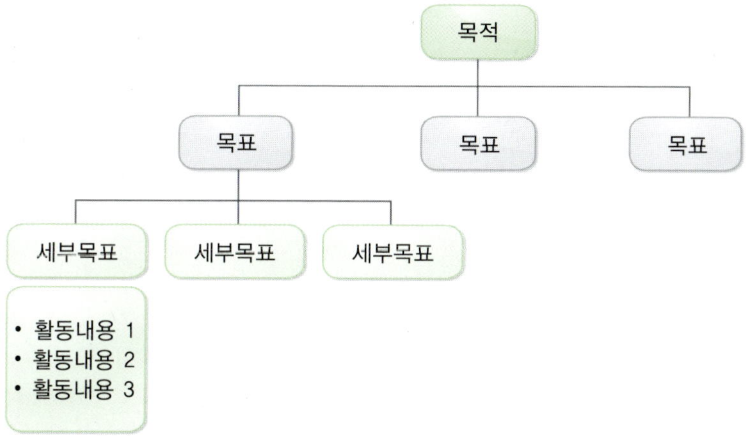

|그림 5-1| 목적, 목표, 세부목표

위 그림의 구조에서 중요한 것은 각각의 하위영역의 내용은 상위영역에 대한 내용타당성을 가져야 한다는 것이다. 가령 세부목표 1이 '지적장애인의 대인관계 능력 향상'이라고 했을 때 활동내용을 '가족캠프 1박 2일', '월 1회 축구경기' 등으로 구성했다면 과연 설득력이 있는가? 아래의 활동내용 몇 개가 성공적으로 수행되면, 세부목표가 달성되어야 하고, 세부목표 몇 개가 합쳐져서 목표가 달성되는 것이다. '활동내용'과 '세부목표' 간의 인과관계에 대한 설명이 명확해야 설득력을 갖게 된다.

목표는 목적을 보다 구체화한 것으로, 목적지의 구체적인 위치(location)를 알려주는 것과 같다. 예를 들어, 환경오염 방지를 위한 캠페인을 한다고 치자.

궁극적인 목적은 '환경오염 감소'가 되겠지만, 목표는 '종량제 봉투 사용률의 증가', '쓰레기 투기의 감소', '분리수거 비율의 증가' 등이 될 것이다. 이것은 바로 성과목표와 연결된다.

세부목표는 활동을 통해 성취하고자 하는 것으로, 프로그램에 대한 성과평가는 바로 세부목표의 달성 정도를 평가하는 것이다. 사회복지공동모금회에서는 2008년 사업부터 세부목표를 산출목표와 성과목표로 나누어 제시하고 있다.

2) 산출목표

과정목표라고 할 수 있는 산출목표는 사업시행을 통해 발생하는 산출물이다. 예를 들어, 강남구 비행청소년 20명에 대한 상담서비스 월 3회, 총 18회 시행 등으로 작성한다. 반면 결과목표라고 할 수 있는 성과목표는 사업의 결과로 나타나는 변화를 말한다. 예를 들어, 프로그램 대상 청소년 20명의 비행행동(폭력)이 상담 전보다 10% 감소 등으로 작성한다.

산출목표는 바람직한 결과, 즉 성과목표를 가져오기 위해 취해지는 과정이나 단계를 나타낸다. 이것은 클라이언트에게 미치는 영향이나 변화를 나타내지는 않는다. 가령 산출목표가 '단주친목회(AA)모임 월 4회, 6개월간 24회 실시'는 알코올중독자의 음주량 감소나 음주에 대한 태도 변화를 말하는 것은 아니다. 그러나 활동내용이 문제를 어떻게 다루는가를 전체적으로 이해하는 데 중요하기 때문에 산출목표는 공식화된다(Coley & Scheinberg, 정무성 역, 1998).

참고자료

목적 서술의 예시

사회서비스 수정안에 의하면 사회보장법 제20조에 의거 자금지원을 받는 모든 프로그램들은 다음 다섯 가지 목적의 하나 혹은 그 이상을 지향해야 한다.

① 의존성(dependency)을 예방, 감소 혹은 없애기 위해 경제적 자립(self-support)을 달성하거나 유지하는 것
② 의존성의 감소 또는 예방을 포함하여 자족(self-sufficiency)을 달성하거나 유지하는 것
③ 자신들의 이익을 보호할 수 없는 아동과 성인들의 방치, 학대, 이용을 예방하거나 치료하는 것 혹은 가족을 유지, 재활, 결합시키는 것
④ 지역사회중심 보호, 가정중심 보호, 또는 보다 덜 집중적인 보호형태를 제공함으로써 부적절한 시설보호를 예방하거나 줄이는 것
⑤ 다른 형태의 보호가 적절하지 않을 경우 시설보호에 위탁, 입소시키거나 시설에 있는 개인들에게 서비스를 제공하는 것

출처 : York, Reginald O.(1982). Human Service Planning : Concepts, Tools and Methods. North Carolina : The University of North Carolina Press, p. 85.

3) 성과목표

(1) 성과목표란 무엇인가?

사회복지 프로그램은 궁극적으로 클라이언트의 삶의 질 변화를 목표로 삼는다. 삶의 질 변화란 무엇인가? 클라이언트의 환경, 지위, 행동, 기능, 태도, 감정 등이 바람직한 방향으로 변화되거나 현재의 바람직하지 못한 상태에서 벗어나는 것을 의미한다. 사회복지 프로그램에서 성과란 특정 활동이 클라이언트 및 사회에 미친 영향(impact), 즉 프로그램 실행 후 변화된 것이 무엇인가를 의미한다.

성과목표는 클라이언트에게 일어난 변화, 즉 클라이언트에게 예상되는 이익을 말한다. 성과목표는 클라이언트에게 예상되는 행동, 지식, 태도, 조건의 변화를 나타내기 위해 줄이다, 증가하다, 촉진하다, 획득하다 등과 같은 행위를 나타내는 동사를 사용한다(Coley & Scheinberg, 정무성 역, 1998 : 96).

사회복지조직의 프로그램은 그 조직의 고유목표(지역사회복지관의 경우 주민욕구충족)를 달성하기 위해 진행되며, 외부환경의 영향을 받는다. 프로그램의 성과는 클라이언트의 특성, 서비스 조직의 내부환경, 조직의 외부환경과 함께 프로그램 활동 자체가 영향을 미친다.

성과에 영향을 미치는 요인으로는 프로그램 그 자체뿐만 아니라 클라이언트의 특성, 내부요인과 외부요인으로 구분할 수 있다. 먼저 클라이언트 집단의 나이, 성별, 문제의 심각성 정도와 프로그램에 대한 기대수준 등이 성과에 영향을 미친다. 예를 들어, 직업훈련 프로그램의 경우 직업경험이 전혀 없는 65세 이상의 노인들보다는 직업경험이 없더라도 20대 초반의 대상자 집단의 성과가 더 높게 나타날 가능성이 있다. 때문에 노인들 대상의 직업훈련 프로그램의 경우 성과목표가 상대적으로 낮게 설정될 수 있는데, 이에 대한 대상자들의 특성을 명확히 제시해야 설득력이 있다. 둘째, 조직관리자의 리더십, 실무자의 수 및 실무자의 전문성 수준이 성과에 영향을 미친다. 이는 조직의 전체적인 인적 역량과 재정적 역량과 관련된다. 셋째, 클라이언트 가족의 지지, 지역사회의 반응, 지역사회의 재정적 지원 등이 성과에 영향을 미친다.

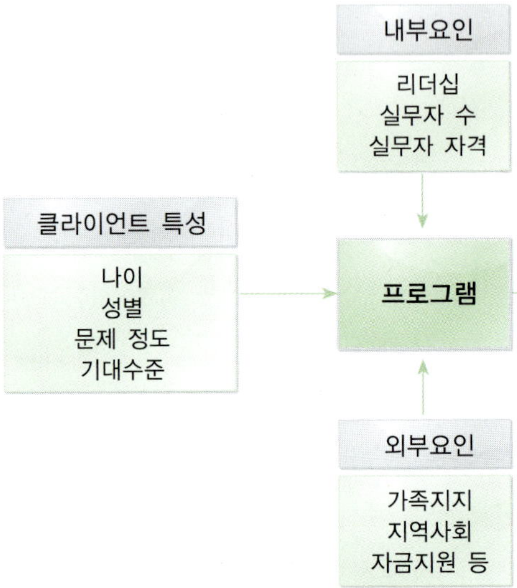

|그림 5-2| 성과의 결정 요인들

출처 : Glueckauf, R. L., Sechrest, L. B., Gray, R., & McDonel, E. C.(1993). Improving Assessment in Rehabilitation and Health. Sage Publication; 김통원(2003). 사회복지 프로그램 개발과 평가. 학지사, p. 169.

프로그램 참여 이후에 클라이언트에게 나타나는 변화를 성과라고 할 때 다음 질문은 보다 쉽게 성과목표를 도출해 낼 수 있게 해준다(사회복지공동모금회, 2007).

첫째, 대상집단이 무엇을 알게 되었는가?

둘째, 대상집단이 무엇을 생각하게 되었는가?

셋째, 대상집단이 무엇을 할 수 있게 되었는가?

넷째, 대상집단이 어떻게 행동하게 되었는가?

다섯째, 대상집단의 상황이 어떻게 변화하였는가?

프로그램에 참여한 클라이언트에게 즉각적으로 또는 단기간에 나타날 수 있는 변화가 있는 반면, 장기적인 측면에서 성과목표를 설정해야 하는 경우도 있다.

성과는 단기성과, 중기성과, 장기성과로 구분할 수 있으며, 1년 단위의 프로그램의 경우 단기성과 또는 중기성과를 제시하는 것이 적절하다. 단기성과, 중기성과, 장기성과의 개념과 예시를 보면 다음 〈표 5-1〉과 같다.

〈표 5-1〉 성과목표의 기간별 구분

구 분	설 명	예 시
단기성과	활동(프로그램) 참여를 통한 지식, 태도, 기술의 변화	1. 기술의 습득 2. 학습에 대한 흥미, 능력향상 3. 문제상황의 인식, 확인
중기성과	단기성과(지식, 태도, 기술의 변화)로 나타나는 행동의 변화	1. 직업 획득 2. 시험 합격, 상급학교 진학 3. 문제행동의 감소
장기성과	조건이나 상황에 대한 궁극적 변화	1. 경제적 안정 2. 자립 3. 문제행동 중지

(2) 성과목표 설정 규칙

성과목표를 설정하는 데에는 기본적으로 몇 가지 규칙이 있다(Mayo, 1990; 김통원, 2003). 우선 성과는 활동내용을 측정하는 것이 아니라 성취를 의미하며, 곧 목표와 관련되어야 한다는 것이다. 또한 프로그램 실무자가 통제할 수 있어야 되며, 측정 가능하고 사용하기 쉬워야 한다는 것이다.

① 성과는 활동이 아닌 성취를 의미한다

성과는 프로그램을 통한 클라이언트나 사회의 변화량을 의미하는 것이지 작업량이나 실적을 의미하는 것이 아니다. 예를 들어, 알코올중독자들의 단주를 위한 프로그램을 수행한다고 치자. '월 4회 3개월 동안 12회 모임, 참석률 95%' 이것은 목표나 성과가 될 수 없다.

왜냐하면 '모임' 그 자체로는 '변화'를 보장할 수 없기 때문이다. 알코올중독자들이 월 4회 모임을 가지면서 매번 술을 마셨다면?

② 성과는 목표와 관련되어야만 한다

성과라는 것은 곧 프로그램의 목표와 관련되어 있어야 한다. 목표의 설정에서 중요한 것은 현실적이고 성취 가능한 것인가가 관건이다. 현실보다 지나치게 높게 목표를 설정하면 실무자들이 달성할 수 없을 뿐더러 성취감을 얻을 수도 없다.

반대로 너무 낮은 수준의 목표설정은 비효율적이고, 기관이 이를 달성하고자 하는 노력을 덜하게 되고 자부심을 부여하지 못하게 된다.

③ 성과는 통제할 수 있는 것으로부터 도출되어야 한다

통제할 수 있는 것을 성과목표로 설정하는 것이 중요하다. 예를 들어, 구급차서비스에 대한 목표는 병원환자의 구급차 이용률로 나타낼 수 있겠지만, 실제로 구급차서비스에 대한 성과는 이용한 환자 수로는 거의 통제되지 않는다. 반대로 이러한 구급차서비스는 전화를 받은 후 대응시간, 위기상황에서 대처하는 기술 등에 의해 통제된다(김통원, 2003).

④ 성과는 비교 가능한 수치로 표현되어야 한다

성과목표에 대한 수치화는 항상 논란의 대상이 되어 왔고, 실제 수치화가 불가능한 것도 있다. 그러나 수치화된 평가나 성과목표가 없다면, 관리자에 따라 성과가 상이하게 나타날 수 있는 문제가 발생한다. 따라서 가능하다면 비율, 퍼센트, 변화율 등 비교 가능한 수치로 표현하는 것이 논란을 없앨 수 있다.

⑤ 성과는 유용한 정보를 제공하기 쉬워야 한다

성과목표에 사용되는 지표는 수집하기 쉬워야 하고, 사회복지조직의 일상적 도구가 되어야 하며, 특별한 추가 작업이 필요하거나 '일회성 소장품'으로 끝나서는 안 된다(김통원, 2003).

(3) 어떠한 것이 성과에 포함되는가?

성과에 포함될 수 있는 것과 포함될 수 없는 것을 구분하면 다음과 같다(사회복지공동모금회, 2007).

① 직원, 자원봉사자의 채용과 훈련, 장비의 구입과 교체, 각종 지원 및 유지활동 프로그램 산출의 질을 높이기 위한 내부적인 투자

이는 과정이며 직접적으로 클라이언트의 변화를 나타내는 것은 아니므로 성과라 볼 수 없다. 그러나 성과목표를 달성하기 위해 갖추어야 할 중간산출물이다.

② 서비스를 제공받은 대상자 수

이것은 서비스의 양을 의미하는 것으로 산출과 관계되는 정보이므로 대부분의 경우 성과로 보지는 않는다. 알코올중독자들을 위한 집단상담 프로그램의 경우 '지속적인 참여자 95%'라는 것은 산출에 해당되며, 참여율만 보고 클라이언트의 변화를 파악할 수 없기 때문에 성과라고 할 수 없다. 다만, 예외사항이 있을 수는 있는데, 예를 들어 프로그램의 목적이 대상자로 하여금 특정한 서비스를 이용하게 하는 것이라고 할 때 대상자가 프로그램을 통해 서비스의 중요성을 인식하고 이용하는 것이 프로그램의 결과가 되는 경우가 있다. 이런 경우에는 서비스의 이용이 프로그램의 결과로 나타나는 지식과 태도의 변화가 될 수 있으므로 프로그램의 성과로 제시할 수 있다.

③ 참여자 만족도

프로그램의 여러 요소에 대한 만족도는 서비스의 결과를 담보하지는 않으므로 일반적으로는 성과로 보지 않는다. 일반적으로 만족도는 서비스 질에 대한 만족도뿐만 아니라 클라이언트의 주관성이 강하게 개입되기 때문이다. 그러나 만족도가 예외적으로는 성과로 분류될 수 있는데, 예를 들면 참여자들의 기본적 욕구충족(식사지원, 임시주거 제공 등), 프로그램의 경우에는 시간이 지난 후에 성과를 측정하기가 어려우므로 만족도와 성과를 거의 동일하게 보고 측정하는 경우가 있다.

4) 성과지표

성과지표는 성과가 성취되었는지를 판단하는 근거를 나타낸다. 구체적 성과지표들은 성과의 성취 정도를 나타내며, 구체적으로 관찰 가능하고, 측정 가능한 특성 혹은 변화, 프로그램의 목표성취 수준을 요약해서 나타낼 수 있는 구체적 통계치(예를 들어, 성과를 획득한 사람의 수와 비율)로 나타낸다(사회복지공동모금회, 2008).

(1) 성과지표 설정 시 검토할 사항

① 각각의 성과에 한 가지 이상의 지표가 선정되었는가? (포괄성)

② 각각의 지표들은 성과의 중요한 측면을 측정하며, 다른 성과지표들로는 그것을 측정할 수 없는가? (중요하지 않은 많은 수의 지표보다는 중요한 지표 한두 가지가 더 낫다)

③ 각각의 지표에 대한 정의가 구체적으로 표현되어 있으며, 그 정의는 측정하고자 하는 특성이나 변화를 말해주는가? (내용타당성)

④ 각각의 지표는 프로그램이 성과를 수행한 정도를 통계수치로서 요약해 나타낼 수 있는가? 통계수치는 프로그램의 성과달성 정도를 효과적으로 보여주는가? (간명성)

Tip

성과목표는 수치화되는 것이 좋지만 간혹 추상적인 성과목표가 제시되는 경우가 있다. 예를 들어, '신앙심'을 측정하기 위해 어떠한 지표를 사용할 것인가? 먼저 신앙심이라는 개념에 대한 조작적 정의를 한 다음 측정지표를 다음과 같이 설정할 수 있다. ① 종교기관에 나가는 횟수, ② 헌금 또는 기부금 액수, ③ 이타적 행위(자원봉사활동 등)를 하는 횟수 등 신앙심과 관련된 핵심사항을 측정지표로 설정한다.

(2) 성과지표의 예시

프로그램	성 과	지 표
10대 미혼모 모성교육 프로그램	10대 미혼모들이 산전 영양섭취 및 산모건강지침을 안다.	산모에게 필요한 영양성분이 다량함유된 식품을 말할 수 있는 미혼모들의 수와 그 비율
안전한 놀이터 만들기 프로그램	주민들이 마을 공터를 놀이터로 만드는 데 참여하기로 서명한다.	서명한 주민의 수
지역사회 아동학대 감시 및 예방 프로그램	지역주민, 경찰, 아동보호 관계자, 의료인 등이 아동학대와 방임의 징후에 대한 정보를 듣거나 읽는다.	대상자들 중 아동학대와 방임의 징후를 세 가지 이상 말할 수 있는 사람들의 수와 퍼센트

(3) 성과측정이 어려운 경우의 측정방법

프로그램이나 참가자들의 특성으로 인해 성과측정이 어려운 경우는 다음과 같이 해결할 수 있다.

① 참가자들이 익명인 경우(응급전화, 정보제공, 행사 등)

전화 프로그램의 경우 원하는 정보를 얻었는지에 대해 질문하거나, 담당자의 대처에 대한 제3자(주요 정보제공자 등)의 평가에 의한 정보획득, 행사 프로그램의 경우 행사 후의 설문조사 등을 통해 성과를 측정할 수 있다.

② 지원이 매우 짧은 기간 동안 이루어지는 경우

재난재해 지원, 긴급생계비/ 의료비 지원, 장비대여 등 짧은 기간에 이루지는 사업은 서비스의 제공 자체가 성과인 경우가 많으며, 이것이 목표일 수도 있다. 이런 경우 프로그램의 산출과 성과가 동일(서비스의 양과 제공받은 사람의 수)한 것으로 간주할 수 있다. 부가적으로 참가자들 중의 일부를 표본으로 한 서비스의 도움 정도(적정성, 가용성) 등을 평가할 수 있다.

③ 프로그램의 주요 성과가 장기적으로 나타나는 경우(약물중독치료 프로그램, 청소년 지원 프로그램 등)

이런 경우 중간 성과 정도까지만 측정 가능하다. 즉, 프로그램 수료 시와 수료 후 1년간 약물이용 여부에 대한 조사가 가능할 것이다. 청소년 프로그램의 경우에도 그들이 성인이 될 때까지를 추적, 조사하기 어려우므로 학교성적 향상, 지역사회 참여 및 공익활동 참여 등을 관찰할 수는 있다.

④ 특정 대상이 아닌 전체 지역사회를 대상으로 하는 프로그램의 경우(학교폭력 없는 건강한 마을 만들기 등)

프로그램 시작 전과 프로그램 진행 중, 종료 후의 데이터를 비교하는 방법이 가능하다. 해당 지역의 프로그램 전후 학교폭력 발생빈도, 비율 등을 측정할 수 있다. 예를 들어, '생활쓰레기 줄이기 캠페인' 프로그램을 실행했다면, 그 지역 전체의 현재 쓰레기 배출량과 1년 후의 쓰레기 배출량을 비교하면 된다.

⑤ 클라이언트에 대한 지원이 아닌 조직을 지원하는 활동(행정지원 프로그램, 역량강화 프로그램 등)

서비스를 제공받은 조직에서 프로그램의 유용성을 판단하는 것이 초기 성과가 되며, 조직의 지식이나 행동에서 나타나는 변화가 중간 성과가 된다. 최종 성과는 조직의 효율성 향상일 것이다. 이러한 프로그램의 경우 숫자로 표현되는 성과지표로 나타내기는 어려울 수 있으므로 질적 측정방법을 사용하여야 한다. 예를 들어, 지역사회복지관 실무자들을 대상으로 특정 영역의 교육 프로그램을 실행하였다면, 관련된 서비스를 지속적으로 제공받아 온 클라이언트의 서비스 만족도를 측정할 수 있다.

⑥ 문제행동의 발생을 막는 예방 프로그램의 경우(아동학대 예방 프로그램, 10대 임신 예방 프로그램)

참가자들에게 직접적으로 예방서비스를 제공하고, 서비스 종료 후 문제행동을 하지 않은 참가자의 수와 비율을 산출해야 한다. 그러나 이것이 100% 프로그램의 효과라고 설명할 수는 없으므로, 예방교육을 실시하지 않은 타 집단과의 비교를 통해 측정하는 방법도 고려해 볼 수 있다.

2. 목표설정의 방법

1) 목표설정의 기준

사회복지 프로그램은 대개 복수의 목적을 가지며, 목표설정에 영향을 미치는 사항들은 이용자의 욕구, 기관이 프로그램을 지지하는 정도, 프로그램 참여자와 담당자 간의 목적에 대한 일치도, 정책적 요구 등이 있다.

일반적으로 목표는 비특정적이고 모호하며 방대한 경우가 많다. 따라서 이러한 목표를 평가하려면 추상적인 목표를 보다 더 구체적이고 현실적 하위단위로 세분해서 계량적으로 측정할 수 있게 하여야 한다. 이 과정을 목표의 세분화라고 하며, 이것은 경험적 지식과 이론적 근거에 입각해서 진행되어야 한다.

목표가 얼마나 달성되었는가를 알기 위해서는 목표를 세분하여 하위목표로 나누고, 각 하위목표별로 측정 가능하도록 목표를 세워 그 목표의 달성 여부를 역으로 추적해 간다. 이처럼 목표가 계량적으로 정의되어야 그 목표달성 여부를 측정하는 평가가 가능해진다. 세부목표는 실현 가능하도록 구체적이고 현실적인 언어로 표현되어야 하며, 프로그램 시행 후 목표달성 여부를 평가할 수 있도록 측정 가능한 언어로 표현되어야 한다. 즉, "언제까지, 무엇을, 얼마나 달성하겠다"는 식으로 구체적으로 표현되어야 한다(정무성 · 정진모, 2001).

정무성(2000)은 세부목표의 기준으로 SMART Objectives를 제시하고 있다. 즉, 세부목표는 Specific(구체적, 명료하게), Measurable(측정 가능하게), Attainable(실현 가능하게), Result-oriented(결과 지향적으로), Time frame(시간구조를 갖도록)의 틀 속에서 제시되어야 한다. 그리고 목표의 요건으로 명료성, 시간적 기준, 변화의 표적, 산출물 및 결과물, 측정의 기준, 책임성을 제시하고 있다.

2) 목표진술의 방법

(1) 목표진술의 기준(정무성 · 정진모, 2001)

① 목표는 사회문제 분석과 관계되어져야 한다

목표진술은 문제 진술로부터 얻어져야 한다. 목표를 확인하기 위해 프로그램 기획가는 사회문제를 발생, 유지시키는 데 기여하는 요인들의 목록을 작성하고, 프로그램이 그 요인에 영향을 주거나 변화시키도록 힘써야 한다.

② 목표는 결과중심적이어야 한다

목표진술은 기관을 위해서가 아니라 클라이언트를 위해 쓰여져야 한다. 예를 들어, 프로그램 목표는 "프로그램이 제공될 것이다"라는 식으로 표현되어서는 안 된다. 이것은 기관이 무엇을 하려고 하는 것이지 기대하는 결과를 반영하는 것은 아니다. "기관이 직업교육과 취업기회를 제공할 것이다"라는 말 대신에 "클라이언트들은 직업교육과 취업을 하게 될 것이다"라는 표현이 목표가 되어야 한다.

③ 목표는 현실적이어야 한다

목표는 재정적 · 기술적 · 윤리적 · 법적으로 실현 가능한 것이어야 한다.

④ 목표는 분명하게 진술되어야 한다

목표는 대부분의 사람들이 이해하기 쉽게 진술되어야 한다. 목표진술은 전문용어를 피하고, 프로그램의 존재이유에 맞춰져야 한다.

⑤ 목표는 클라이언트 집단을 언급해야 한다

목표진술은 표적집단을 명시해야 한다. 또한 목표는 클라이언트 집단에 대한 진술이 필요하다. 이 집단은 프로그램 설계의 첫 단계부터 명확해야 한다.

⑥ 목표는 정확해야 한다

목표는 관찰 가능하거나 추정 가능해야 한다.

⑦ 목표는 긍정적으로 표현되어야 한다

목표진술은 무엇이 존재하지 않는다 보다는 무엇이 성취된다는 형식으로 쓰여져야 한다(예를 들어, 실업률을 감소시킨다 보다는 취업률을 증가시킨다). 때로는 목표진술을 긍정적으로 표현하려는 경우가 있는데, 이는 목표진술에 있어서 정확성과 명확성에 위배될 수 있다. 이런 경우에는 부정적이어도 무방하다. 예를 들면, '입원 감소'가 '지역사회 보호의 증가'보다 더 정확한 것이라고 할 수도 있으나 일반적으로는 목표를 '~의 증가'로 하는 것이 바람직하다.

(2) 세부목표 진술의 기준

세부목표는 목표를 분할하여 특정 이익을 클라이언트로 하여금 받도록 하는 진술의 형태이다. 적절한 세부목표의 진술을 위한 기준에는 여덟 가지가 있으나 네 가지는 목표의 기준과 동일하다. 세부목표는 클라이언트 결과중심적이어야 하고, 분명하며, 긍정적이고, 현실적이어야 한다.

① 세부목표는 단 하나의 기준을 설정해야 한다

각각의 세부목표는 숫자 또는 백분율 또는 비율로 결과를 나타내야 한다. 예를 들어, 어떤 세부목표는 일주일마다 최소 10시간에 75%의 클라이언트가 고용될 것이라고 진술한다.

② 세부목표는 측정할 수 있어야 한다

모든 세부목표는 정확하게 측정되고 관찰되고 명확해야 한다.

③ 세부목표는 시간기준을 갖는다

시간한계가 명시되어져야 한다. 시간기준은 회계연도, 프로그램 연도, 월별, 분기 등이 있다.

④ 세부목표는 목표와 관계 있는 것이어야 한다

세부목표는 프로그램 목표를 특정 이익을 위한 진술로 세분화한 것이다.

(3) 목표의 설정기준

① 논리적 일관성

목표들은 앞서 설정된 목적 또는 상위 목표와 논리적 일관성을 가져야 한다. 목표는 목적을 달성하는 하나의 수단의 위치를 차지하는 것이기 때문에, 목표를 달성하면서 상위의 목적이 달성되어 가는 구조가 되어야 바람직하며, 목적이 달성되어야 비로소 하위 목표가 달성되는 구조는 논리적으로 무리가 있다. 목표의 내용과 상위 목적의 내용이 일관성이 없는 것 또한 바람직한 목표설정이 아니다.

② 명료성

목표는 명료성을 지녀야 한다. 목표는 목표를 접하는 모든 사람에게 동일하게 이해되어야 하는 것이다. 따라서 가급적이면 추상적인 용어(이해한다, 느낀다, 할 수 있다)보다는 구체적인 용어(증가시킨다, 작성한다)로 표현하는 것이 더욱 적절하다.

③ 시간적 기준

목표에는 가급적 시간적 기준이 있어야 한다. 즉, 목표에는 성취되어야 하는 시간기준이 제시되는 것이 바람직하다. 예를 들어, 노숙자 수를 감소시킨다는 목표를 설정할 경우 이 목표는 10년에 걸쳐 감소되는 노숙자 수를 의미한 것인지, 아니면 1개월, 6개월 동안 달성되어야 하는 것인지를 밝혀야 한다.

④ 명확성

변화의 대상이 명확해야 한다. 이것은 목표가 달성되었을 때 변화될 것으로 기대하는 집단이나 요소가 구체화되어야 함을 의미한다. 예를 들어, 목표를 기술할 때 일반적으로 클라이언트라고 대상을 제시하는 것보다는 지역사회 내의 저소득 여성가장 100가구, 부모로부터 학대받은 200명의 아동 등과 같이 변화되어야 할 대상과 그 규모까지도 제시하는 방식으로 기술하는 것이 바람직하다.

⑤ 성취가능성

목표는 성취 가능해야 하는 것이다. 이는 다른 말로 바꾸면, 목표가 현실성이 있어야 함을 의미한다. 따라서 현실적인 수준에서 목표달성이 지나치게 어려운 것은 바람직하지 않다. 어차피 달성 불가능한 목표에 대해서 지속적으로 노력하는 것 또한 불가하며, 프로그램의 대상자들도 현실적으로 달성 불가능한 목표로부터 거부감을 느끼게 되어 프로그램의 진행에 무리가 생길 수 있기 때문이다. 그러나 그렇다고 해서 반대로 지나치게 쉬운 목표도 바람직하지 않다. 목표에 지나치게 쉬울 경우 프로그램의 지속적인 참여에 대한 동기를 유발하지 못한다.

⑥ 측정가능성

성취수준을 측정할 수 있도록 설정되어야 한다. 목표들은 변화의 방향(증가하는 것)뿐만 아니라 기대되는 변화수준(구체적인 수치, 특히 비율, %로 표현)도 나타내야 하는 것이다. 이러한 정보는 향후 평가의 기준으로 작용한다. 예를 들어, 목표가 단순히 노숙자 수를 감소시키는 것을 제시되었다면 단 한 명의 노숙자가 해당 기간에 줄어들었다 하더라도 그 목표는 성취된 것으로 평가된다.

⑦ 클라이언트 성과중심

가능한 한 클라이언트에 대한 성과목표들을 포함해야 한다. 목적 달성의 기준에서도 가급적 기관 입장에서 제시하는 것이 바람직하지 않았던 것처럼 목표를 설정할 때도 조직이나 서비스 제공자의 활동보다는 클라이언트가 달성하게 되는 성과를 중심으로 제시하는 것이 목표로서 적절하다.

⑧ 긍정적 설정

목표 또한 목적처럼 가급적 긍정적으로 제시되는 것이 바람직하다.

Chapter 06 프로그램 설계와 개입전략

1. 프로그램 개입전략과 내용구성

프로그램의 목표를 달성할 수 있는 업무나 활동을 정하는 단계이다. 방법론적인 측면에서 목표달성에 가장 효과적일 것으로 판단되는 과업을 결정한다.

목표와 세부목표가 정해진 후 다음 단계로서 이 목표들을 어떻게 성취할 수 있는가에 대한 것이다. 활동내용을 구성하는 데에는 보통 두 과정을 거친다. 첫째, 세부목표별로 제공할 서비스 대안(alternative)들을 확인하고 선택한다. 둘째, 선택된 대안들에 대해 구체적인 활동지침을 결정하고, 예산을 배분하는 것이다.

1) 프로그램 대안 만들기(가설설정)

대안 만들기는 세부목표가 정해진 후 다음 단계로서 '이 목표들을 어떻게 성취할 수 있는가?' 하는 수단, 즉 개입방법을 찾는 과정이다. 이 수단들은 문제해결이나 클라이언트의 욕구충족, 즉 프로그램 목표와의 논리적 연관성을 가져야 한다.

결식노인들의 소득향상을 목표로 하는 아래의 예에서 수많은 대안이 제시될 수 있다.

참고자료

활동내용 구성의 예

① 세부목표 : 결식노인들의 소득을 30% 향상시킨다.
② 서비스 대안
- 지역사회 내 기업체에 취업시킨다.
- 기초생활보장 수급자로 선정되도록 한다.
- 기업체와 연계하여 부업거리를 제공한다.
- 구걸을 할 수 있는 장소를 안내한다.
- …
- …

많은 수의 서비스 대안이 고려될 수 있지만 클라이언트의 특성, 기관의 역량, 지역사회의 여건, 윤리적인 측면 등에 따라 최선의 대안 1~3개 정도를 선택한다.

세부목표별로 여러 가지의 서비스 대안들이 확인될 때, 이 중 세부목표를 달성하는 데 가장 필요하고 실현 가능한 상호 보완적인 복수의 대안을 선택하는 것이 활동내용 구성의 첫 번째 단계이다. 그 다음으로 그 서비스 대안들의 전달방법을 정한다. 나열된 대안들은 클라이언트의 특성, 기관의 역량, 지역사회의 조건 등을 고려하여 최적의 대안조합을 만든다.

2) 프로그램 개입내용의 구성

세부목표를 달성하기 위한 대안들은 1~2개에서 수십 개에 이를 수 있다. 이들 중에서 클라이언트의 특성, 실행가능성, 정치적, 윤리적 차원에서 비현실적인 대안이나 수용 불가능한 대안들을 제거해 가면서 대안들의 우선순위를 비교 검토하게 된다.

대안들을 비교 검토하는 데 사용되는 기준은 크게 실행가능성(feasibility)과 소망성(desirability)으로 구분된다(노화준, 1999).

(1) 실행가능성 여부

실행가능성이란 대안이 채택되어 집행될 수 있는 가능성의 정도를 나타내는 것이다. 실행가능성은 기술적 · 경제적 · 사회윤리적 · 정치적 측면으로 나누어 볼 수 있다(최일섭 · 이창호, 1993).

① 기술적 실행가능성

대안의 집행이 기술적으로 가능한가의 문제이다. 장기실직자들을 위한 직업훈련을 하는데, 교육을 담당하는 전문가들은 자질을 갖추고 있는가? 또한 직업훈련 수료 후 취업처는 확보되어 있는가? 등의 문제들로서 정확하게 예측하기 힘든 부분도 있다. 또 다른 예를 들면, 가족구성원 간의 불화로 인해 '결식'을 하는 노인을 위해 가족치료를 한다고 했을 때, 어떠한 가족치료 기법을 사용할 것인가 하는 것이다. 현실적으로는 사회복지사가 알고 있거나, 한 번 경험해 본 방법을 사용하는 것이 보통이다.

② 경제적 실행가능성

대안의 집행에 소요될 비용과 비용부담자 및 부담능력을 측정하는 기준이다. 장기실직자들에 대한 직업훈련이 기술적으로 가능하다 해도, 교육전문가를 초빙했을 때 많은 인건비가 들어간다. 또한 구직욕구가 있는 장기실직자들의 취업을 위해서는 구인처 확보, 취업안내서비스 등이 필요한데, 만만치 않은 예산이 소요될 수밖에 없다.

③ 사회윤리적 실행가능성

대안이 기술적 · 경제적으로는 실행 가능하지만 윤리적인 문제로 실행하기 어려운 경우가 있다. 중학생 비행의 확산을 막고 정상 학생들의 건강을 보호하기 위해서 중학교 교실마다 흡연실을 따로 설치하는 것은 현재 우리나라의 윤리에서는 수용되기 어렵다.

약물치료나 정신치료에 반응을 보이지 않는 심각한 우울증이나 정신분열병 환자에게 사용되던 전기충격요법(EST)도 고문처럼 보이게 되어 더 이상 사용하지 않고 있다.

④ 정치적 실행가능성

대안이 이해당사자들(stakeholder)로부터 정치적(political) 지지를 받을 수 있는가의 문제이다. 실직자들에 대한 실업급여의 감액 또는 중단은 실직자와 그 가족 및 이해당사자들의 반발을 가져올 것은 불을 보듯 뻔한 사실이다. 또 정당한 주장을 했음에도 학교에서 '출교'를 시키는 것은 사회윤리적·교육적 측면에서 뿐만 아니라 학생당사자와 학부모들의 반발이라는 정치적 면에서 실행이 어려울 것이다.

(2) 소망성

어떤 대안이 집행될 경우 그 결과가 얼마나 바람직스러운 것인가 하는 바람직스러운 정도를 말한다.

① 효과성

대안 실행을 위해서 투입된 비용에 상관없이 성취한 양이 많을수록 바람직한 대안이라고 할 수 있다. 장기실직자들에게 장기간의 직업훈련을 시켜 괜찮은(decent) 일자리를 갖게 할 것인가? 아니면 당장에 저임금 비정규직에 취업을 유도할 것인가?

② 효율성

대안의 실행으로 예측되는 산출량이 투입노력에 비해 얼마나 비용효율적인가 하는 기준이다. 효율성은 각각의 활동내용에 대한 투입/ 산출의 비율을 계산하거나 단위당 비용으로 측정된다.

③ 비용-효용성(Cost-utility)

이 기준은 대안들이 얼마나 적은 비용으로 목표달성을 할 수 있는가를 측정하는 기준으로 목표성취(outcomes)에 관심을 가진다. 비용은 화폐로 나타낼 수 있지만 결과가치를 화폐로 나타낼 수 없는 경우 비용효과 분석을, 화폐로 나타낼 수 있는 경우 비용편익 분석을 사용한다.

사회복지사업에서 가장 많이 사용하는 방법인 비용-효과 분석은 비용을 화폐로 나타내지만 결과는 취업자 수, 소득상승률, 재범감소율 등 수나 비율로 표현한다.

④ 적합성

적합성 기준은 민감성 또는 적절성이라고도 하는데, 제공되는 서비스가 얼마나 클라이언트들의 욕구를 충족시킬 수 있는가를 평가하는 기준이다. 적합성 기준은 질적 개념으로서, 예를 들어 기초생활보장제도에서 제공되는 생계급여가 저소득 가정의 최저생계를 유지할 만큼 적절한 수준(정도)인가를 측정하는 것이다.

⑤ 공평성과 평등성

공평성은 대안이 클라이언트들에게 골고루 서비스의 기회를 제공하고 있는지를 평가하는 기준이다. 클라이언트들의 성별, 지역, 소득, 학력 등에 관계없이 자격요건을 갖춘 대상자들에게 기회가 공평하게 주어졌는가를 말한다.

반면 평등성은 '같은 조건'에 있는 클라이언트들에게 같은 양과 질의 서비스가 균등하게 제공될 수 있는가, 즉 결과의 평등을 보장하는 것이다. 기초생활보장 급여의 경우 동일한 소득수준의 클라이언트는 동일한 수준의 생계급여를 지급받는다.

(3) 개입전략 활동과 프로그램 구성요소

사회복지 프로그램과 관련된 활동내용은 크게 교육훈련, 정보개발과 보급, 상담과 지지 서비스, 자원제공 등 네 가지의 주요 범주로 분류될 수 있다. 각 분야별로 전략수립에 도움이 되고 의사결정을 위한 검토항목으로 사용될 수 있는 질문사항은 다음과 같다(Coley & Scheinberg, 정무성 역, 1998).

① 교육훈련

예 경력개발 워크숍, 직업훈련, 가족생활교육 등

- 교육이나 훈련의 목표는 무엇인가?
- 교육의 내용은 구체적으로 어떠한 것들이 있는가?
- 교수 목적과 도구 등 어떤 전략이나 기법을 택할 것인가?
- 교육 및 훈련을 진행할 사람은 누구인가?
- 서비스의 형식과 일정은 어떠한가?

② 정보 개발과 보급

예 약물남용예방 캠페인, 부모훈련 책자, 자원의뢰서비스 등

- 대상집단은 누구인가?
- 내용과 형식은 무엇인가?
- 어떠한 방법으로 수행하며, 책임자는 누구인가?
- 배포하기 전에 누가 검토할 것인가?
- 어떠한 확산전략을 채택할 것인가?

③ 상담 및 기타 지지서비스

예 학대와 폭력의 희생자들에 대한 집단상담, 긴급전화상담 등

- 어떤 상담전략이나 기술을 사용할 것인가?
- 기법이 타당하다는 증거와 전제는 무엇인가?
- 상담과정과 형식은?

- 어떤 이슈와 내용을 제기할 것인가?
- 과정에 참여하는 다른 사람들은 누구이며(예 전문가, 지지체계), 그들은 어떻게 참여하는가?

④ 자원제공

예 노인을 위한 무료급식, 청소년 레크리에이션, 장애인을 위한 운송수단 등

- 어떤 자원을 공급할 것인가?
- 언제, 어떻게 전달할 것인가?
- 그것을 맡아서 조직하고 전달하는 사람은 누구인가?
- 특별히 필요한 장비나 물품은 무엇이고, 그것을 어떻게 조달할 것인가?

2. 활동내용의 작성원칙과 작성방법

1) 활동내용의 작성원칙

설계된 프로그램이 실천현장에서 계획대로 집행되기 위해서는 프로그램 운영에 필요한 구조, 재원, 인력이 적절히 확보되어야 한다. 프로그램 집행단계에서는 기관을 둘러싼 환경 속에서 프로그램 집행자의 행정적·정치적·경제적 활동능력이 많은 영향을 미친다.

여러 가지 요인으로 설계된 프로그램이 사회복지기관에서 집행되지 못하는 경우가 있는데 이런 경우 다음 세 가지 측면에서 부정적인 영향을 미치게 된다(서인해·공계순, 2008).

첫째, 설계된 프로그램이 집행되지 못한다면 가장 심각한 문제점은 기관과 프로그램 개발활동 측면에서 자원낭비를 초래하게 된다는 것이다. 프로그램 개발과정에는 기관 내뿐만 아니라 외부의 관련자들이 참여하여 많은 노력과 시간을 투입하게 된다. 그런데 프로그램이 집행되지 않는다면 투입된 노력이나 시간들이 수포로 돌아가는 것이다.

둘째, 프로그램 개발과정에 참여함으로써 직원들에게는 동기부여가 강화된다. 기획과정에 참여함으로써 전문가로서의 자부심이 향상되고, 또한 기획한 프로그램에 대한 충분한 이해를 가지기 때문에 프로그램에 대해 보다 적극성을 띠게 된다. 그러나 프로그램이 집행되지 못한다면, 프로그램 개발과정에 참여한 직원들에게는 사기저하 또는 동기약화, 기관 차원에서는 사회복지실천에 대한 과학화 노력에 대한 부정적인 분위기 형성 등에 영향을 미치게 된다.

셋째, 계획된 프로그램의 미실행은 기관과 지역사회와의 관계에도 영향을 미칠 수 있다. 일반적으로 프로그램 개발은 지역사회에 존재하는 문제에 대한 인식과 해결의 필요성, 프로그램 개발의 필요성에 대해 지역사회와의 공감대가 형성되고 난 후 이루어진다. 이러한 상황에서 계획된 프로그램이 집행되지 않는다면, 기관이 책임성을 다하지 못하는 것으로 인식될 수도 있고, 결국 사회복지기관과 지역사회와의 신뢰는 낮아지게 된다.

따라서 세부계획, 즉 활동내용을 작성할 때에는 프로그램의 목표달성을 위한 필수적인 요소들이 포함되었는지를 확인하는 것이 중요하다(황성철, 2005).

5W1H	활동내용의 요소	실행과정에서의 문제확인 요소
1. Who (누가)	• 누가 프로그램을 실행하는가? ① 프로그램의 주최와 주관은 누구인가? ② 프로그램 실행을 준비하는 사람은 누구인가? ③ 프로그램 담당자, 외부전문가, 자원봉사자는 누구인가?	• 실행주체와 관련된 문제 ① 현재 실행하는 사람은 누구인가? ② 그 밖에 실행할 수 있는 사람은 누구인가? ③ 반드시 실행에 참여해야 할 사람은 누구인가? ④ 무관하게 참여하는 사람은 없는가?
2. When (언제)	• 언제 프로그램을 실행하는가? ① 언제 프로그램을 실행할 것인가? ② 얼마 동안 프로그램을 실행할 것인가?	• 실행시기와 기간과 관련된 문제 ① 언제 실행하는 것이 바람직한가? ② 정해진 시기와 기간 외에 할 수는 없는가? ③ 실행시기가 무리하게 정해지지 않았는가?

3. Where (어디서)	• 어디서 프로그램을 실행하는가? ① 가장 적합한 장소는 어디인가? ② 차선으로 간주되는 장소는 어디인가?	• 실행장소 및 주변여건과 관련된 문제 ① 여기서 실행하는 것이 좋은가? ② 그 밖에 다른 장소는 없는가? ③ 실행장소가 무리하게 정해지지 않았는가?
4. What (무엇을)	• 무슨 프로그램을 실행하는가? ① 프로그램의 형태와 제목은 무엇인가? ② 프로그램의 핵심적 요소는 무엇인가?	• 실행활동과 관련된 문제 ① 무슨 활동이 실행되고 있는가? ② 필요한 다른 활동은 무엇인가? ③ 무관하게 이루어지는 활동은 없는가?
5. Why (왜)	• 왜, 어떤 목적으로 이 프로그램을 실행하는가? ① 프로그램의 목적은 무엇인가? ② 프로그램의 주제는 무엇인가? ③ 프로그램에서 강조점은 무엇인가?	• 실행목적 달성과 관련된 문제 ① 왜 그 사람이 그 활동을 하는가? ② 왜 그 시간과 그 장소에서 하는가? ③ 왜 그 방법으로 활동을 하는가? ④ 목적달성에서 무리, 무관성, 무일관성은 없는가?
6. How (어떻게)	• 어떻게 프로그램이 실행되는가? ① 프로그램의 구조와 절차는 어떠한 것이 적합한가? ② 예산과 인력의 준비는 어떻게 할 것인가? ③ 홍보와 프로그램 수단을 어떻게 확보할 것인가?	• 실행방법과 관련된 문제 ① 어떤 방법으로 실행되고 있는가? ② 다른 방법은 없는가? ③ 방법상의 일관성은 유지되는가?

2) 활동내용의 작성방법

'활동내용의 구성'은 프로포절에서 가장 구체적으로 작성되어야 하는 부분이다. 프로그램의 기획자와 집행자가 다를 경우 프로그램 집행자는 프로포절의 내용만 보고도 기획자가 의도한 대로 집행할 수 있어야 한다. 나아가 다른 지역, 다른 기관의 직원들이 이 프로그램을 활용할 때에도 마찬가지이다.

사회복지공동모금회의 경우 활동내용은 세부사업 내용, 목표에 대한 평가방법[1], 담당인력 구성, 사업진행 일정, 홍보계획, 지역자원 활용계획 등 여섯 가지로 나눈다.

(1) 세부사업 내용(프로그램)

세부사업 내용은 성과목표별로 프로젝트 활동과 수행방법, 시행시기, 수행인력, 참여인원, 시행횟수 및 시간 등으로 나누어 작성한다.

〈표 6-1〉 세부사업 내용 작성의 예시

성과목표	프로그램	활동(수행방법)	시행시기	수행인력	참여 인원	시행횟수 · 시간
보호아동의 야간 안전사고 전년 대비 5% 감소	야간아동 보호	• 복지관 방과 후 교실 오후 1~10시까지 운영(야간시간대 6~10시) • 아동보호자 귀가 시간에 따라 귀가 일정 조정	4월 1일~ 10월 30일	사회복지사 ○○○ 자원봉사자 △△△	20명	1일 4시간 주 5회 (월~금)
	안전귀가 동행 서비스	• 보호자가 동행 귀가를 하지 못하는 경우, 복지관 차량을 통한 귀가서비스 제공(귀가지도교사 동승)	4월 1일~ 10월 30일	사회복지사 ○○○ 자원봉사자 △△△ 운전사 ★★★	15명	1일 1시간 주 5회 (월~금)
. . .	. . .	. . .	. . .	. . .	. . .	. . .

세부사업 내용은 성과목표별로 작성한다. 이 부분은 프로포절에서 가장 구체적이어야 하는데, 하나의 프로젝트를 수행하는데 제3자가 프로포절만 보고도 그대로 수행할 수 있어야 한다. 이를 위해서는 수행방법이 보다 구체적으로 제

1) 이 부분은 8장 프로그램 평가에서 설명하고자 한다.

시되어야 하며, 시행시기는 분명하게 '연월일', 수행인력은 '○○○', 시행횟수나 시간도 '오후 6~10시까지 1일 4시간, 월~금까지 주 5회' 등으로 서술하여야 한다.

구체적으로 프로그램 활동의 장소와 특별한 장비가 필요한지에 대해 서술하고, 실무진을 어떻게 구성할지, 어느 업무를 누가 담당할지에 대한 구체적인 사안까지 서술한다. 그리고 프로그램 활동을 하는 데 다른 기관을 활용할 필요가 있다면 그 이유와 참여방법을 구체화하여 작성하고, 지역사회의 참여방법, 즉 자문위원회나 자원봉사자 등에 관한 내용도 서술한다.

3. 담당인력 구성

담당인력은 프로그램에 직접 투입되는 인력, 즉 주 담당자 및 부 담당자, 슈퍼바이저, 자원봉사자, 외부전문가 등을 기재한다. 담당인력의 구성에서 중요한 것은 사업목표, 사업량에 비해 적절한 인력이 배치되었는가의 문제이다. 다음 사항을 검토하면 보다 적절한 담당인력을 구성할 수 있다.

- 주 담당자는 이 프로그램을 수행할 만한 능력을 갖추고 있는가? (자격증, 경력, 투입시간 등)
- 사업목표에 따른 적절한 인력이 배치되었는가? (경력, 투입시간 등)
- 사업량에 비해 투입되는 인력의 규모는 적절한가? (투입되는 인력의 규모가 너무 많지는 않은가?, 반대로 너무 적지는 않은가?, 프로그램에 투입되는 인력이 많다고 해서 이 프로그램의 성공가능성이 높다고 볼 수는 없다. 오히려 비효율적인 프로그램으로 비칠 수도 있다)
- 프로그램과 관계없는 인력이 배치되지는 않았는가? (특히 외부전문가의 경우 '이름만 걸쳐' 놓지는 않았는가?)

〈표 6-2〉 담당인력의 구성 예시

이름(역할)	담당부서/ 직위	투입시간 (단위 : 1주일)	경력(년)/ 주요 업무	자격증 (신청사업 관련)
신혜원 (주 담당)	지역사회 조직팀 사회복지사	10시간	• 한국종합사회복지관 2년/ 아동복지 담당 • 열매종합사회복지관 3년 6개월	사회복지사 1급 보육교사 1급
신동호 (부 담당)	지역사회 조직팀 사회복지사	5시간	• ○○원(부랑인 복지시설) 5년/ 복지기획팀 • 열매종합사회복지관 4년 3개월	사회복지사 1급
김복지 (슈퍼바이저)	사무국장	1시간	• ○○센터(장애인 복지시설) 7년/ 복지기획팀 • 열매종합사회복지관 7년 6개월	사회복지사 1급
⋮	⋮	⋮	⋮	⋮

출처 : 사회복지공동모금회(2008). 2009 배분사업 안내 일부 수정.

4. 사업진행 일정

하나의 프로그램은 여러 개의 서비스들로 구성된다. 각각의 서비스들은 서로 연관되어 있기 때문에 진행과정과 순서를 체계적으로 계획하여야 한다. 프로그램을 보다 효과적으로 준비하기 위한 관리기법으로는 ① 활동별 시간계획 도표(gantt chart), ② 프로그램 평가검토 기법(PERT : Program Evaluation and Review Technique), ③ 월별 활동계획 카드(shed-u graph) 등이 있다(Lauffer, 1978; 최성재·남기민, 2006).

1) 활동별 시간계획 도표

활동별 시간계획 도표는 세부사업 내용별로 행동계획을 일목요연하게 나타낼 수 있는 방법으로 가장 많이 사용된다. 행정관서, 기업체 및 사회단체에서도 오래전부터 이용해 오고 있는 방법이다.

활동별 시간계획 도표는 프로그램의 시작에서부터 완료 시까지의 기간 동안 계획된 모든 활동들을 세로축에 기입하고, 가로축에는 프로그램의 전체 시간을 표시하고 해당 활동들의 진행시기와 일정을 도표에 나타낸다.

활동별 시간계획 도표는 작성하기가 쉽고, 세부적인 활동내용에는 어떠한 것이 포함되어 있는지 전체적으로 파악하기 쉽다. 그러나 세부적인 활동 사이의 관계를 파악하기는 어렵다는 단점이 있다.

〈표 6-3〉 활동별 시간계획 도표의 예시(Gantt Chart)

기간 / 내용	2015년 2월	3월	4월	5월	6월	7월	8월	9월	10월	11월	12월	2016년 1월
사업 세부계획 수립												
대상자 선정/ 보호자 동의												
야간아동보호												
안전귀가동행 서비스												
무료급식/ 간식 제공												
심리안정 프로그램 시행												
기초학습 지원/ 숙제지도												
가족관계 개선 프로그램												
가족상담 프로그램												
기초선 설정/ 사업평가												

〈표 6-4〉 시간일정 예시

활 동	시 간
실무진 채용	1월 3일 ~ 2월 10일
실무진 훈련	2월 10일 ~ 3월 31일
커리큘럼 작성	2월 1일 ~ 3월 31일
워크숍 준비	1월 20일 ~ 5월 10일
워크숍 실시	4월 10일 ~ 9월 30일
평가 시행	4월 10일 ~ 9월 30일
최종보고서 준비	10월 1일 ~ 10월 30일

2) 프로그램 평가검토 기법

프로그램 평가검토 기법은 목표달성의 기한을 정해놓고, 목표달성을 위해 설정된 주요 세부활동들의 상호관계와 시간계획을 연결시켜 도표로 나타내는 것이다. 어떤 행사(event)를 나타내는 원 표시와 행사 간의 활동(activities)과 관계는 화살표로 나타낸다. 원 표시 안의 행사는 어떤 과업의 출발이나 완료를 말하는 것이고, 어떤 과업의 수행을 말하는 것이 아니다. 각 화살표에는 그 활동에 소요되는 예상시간을 표시한다.

프로그램 평가검토 기법은 명확한 목표를 가진 프로그램을 조직화하고 진행시간표를 작성하고, 프로그램 진행사항을 추적하는 데 매우 유용한 기법이다(최성재・남기민, 2006).

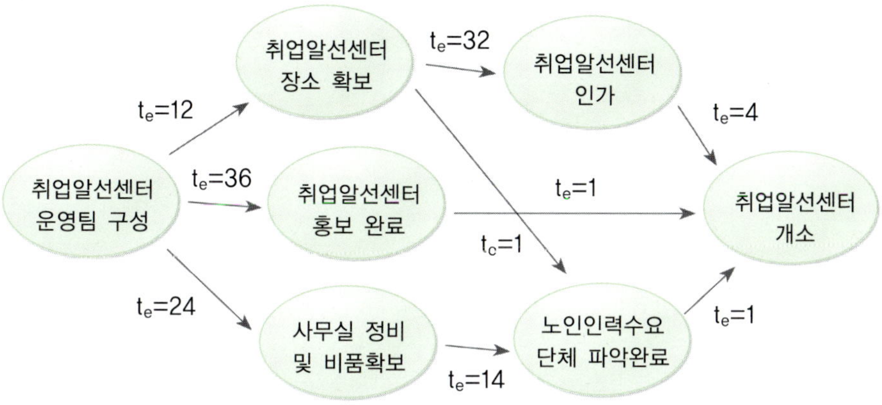

|그림 6-1| 프로그램 평가검토 기법 사례

출처 : 최성재 · 남기민(2006). 사회복지행정론. 나남출판.

3) 월별 활동계획 카드

월별 활동계획 카드 기법은 특정 활동이나 업무를 조그마한 카드에 기입하여 |그림 6-2|와 같이 월별로 만들어진 주머니에 넣거나 해당란에 카드를 꽂도록 하는 방법이다.

이 카드는 활동일정의 변경에 따라 카드를 이동시키는 데는 편리하지만, 활동들 간의 관계나 프로그램의 전체 목표를 파악하기 어렵다는 단점을 가지고 있다.

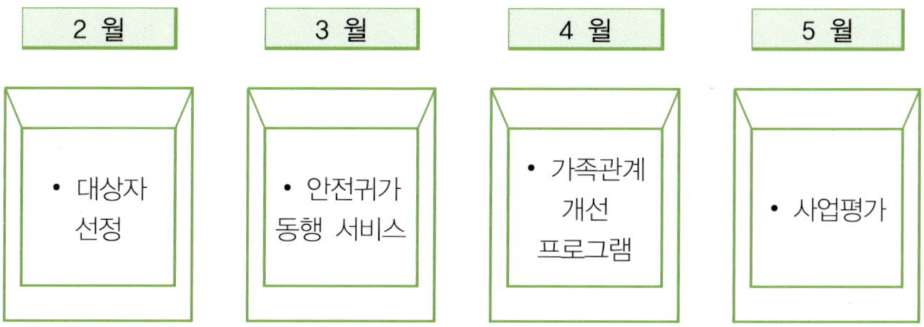

|그림 6-2| 월별 활동계획 카드 예시

5. 홍보 및 자원활용 계획

1) 홍보계획

프로그램에 대한 홍보는 기관이 속해 있는 지역의 지역주민, 지방자치단체, 타 복지기관 등을 대상으로 한다. 추진하고자 하는 프로그램을 홍보하기 위해서는 프로그램의 목표와 대상자 집단을 고려하여 홍보방법, 횟수, 매체활용 정도 등을 구체화한다. 사회복지기관에서 프로그램을 홍보하는 수단으로는 홍보전단지, 인터넷, 지역신문 및 방송매체 등 여러 가지 홍보물이 사용된다.

〈표 6-5〉 프로그램 홍보계획 예시

대 상	홍보방법 및 횟수	활용매체	비 고
지역사회 주민	• 리플릿 등 홍보물 제작 · 배포 • 10개 동 반상회에 참석하여 사업소개 • 사업설명회 2회 개최 • 케이블 TV 연계 사례 소개	리플릿, 홍보전단지, 케이블 TV	
타 복지 기관	• 홈페이지 게시판 • 이메일로 사업소개	인터넷	
지방자치단체	• 주민생활지원센터 생활지원과 분기별 방문 • 리플릿 수시 제공	리플릿	

출처 : 사회복지공동모금회(2008). 2009 배분사업 안내 일부 수정.

2) 지역자원 활용계획

아무리 규모가 큰 사회복지기관이라도 대상자 집단의 모든 욕구를 충족시킬 수는 없다. 대상자 집단의 다양한 욕구 중 특정 부분만을 대상으로 서비스를 제공할 수밖에 없다. 영역별로 전문화된 기관일수록 클라이언트의 특정 욕구에 초점을 맞추게 된다. 또한 대상자 집단의 욕구규모에 비해 기관역량이 부족할 때 외부자원을 활용할 수밖에 없다.

따라서 추진하고자 하는 프로그램의 성과목표 달성을 위해서 지역사회의 다양한 자원을 어떻게 활용할 수 있는지를 구체화하여야 한다. 〈표 6-6〉의 '활용계획'에서는 해당 기관과의 연계내용과 예상실적을 기입한다.

〈표 6-6〉 지역자원 활용계획 예시

자원명	활용계획	비 고
○○종합사회복지관	• 서비스 발굴 및 공유 • 아동 사례 연계 : 3case	
○○대학교 사회복지학과	• 자원봉사자 교육 : 2회 • 대학생 자원봉사자 연계 : 30명	
○○자원봉사센터	• 차량지원 자원봉사자 추천 및 확보 : 10명	
○○구청	• 이 프로그램에 대한 홍보 및 클라이언트 추천 통로로 이용	

출처 : 사회복지공동모금회(2008). 2009 배분사업 안내 일부 수정.

Chapter 07 예산수립

1. 예산의 개념과 성격

1) 예산의 개념

프로그램 기획에서 예산이란 일반적으로 프로그램 수행에 필요한 재정계획, 즉 프로그램의 목표달성을 위해서 사용할 지출내용과 재원조달 계획을 말한다. 예산서 작성은 세부사업 내용, 단위 서비스를 구체화하면서 관련예산을 산정하는 과정이라 할 수 있다. 프로그램에서 세부사업 내용은 예산과 직접적으로 연결되어 있고, 이런 점에서 보면 예산이란 조직의 목표달성을 위한 프로그램 내용을 금전적으로 표현한 것이다.

2) 사회복지조직에서의 예산

비영리 조직으로서 사회복지조직은 영리적인 이윤을 추구할 수 없기 때문에 재원에 대한 외부 의존성이 매우 높은 편이다. 외부 재원의 영향을 많이 받는 사회복지조직과 재원의 관계는 다음과 같은 특징을 가진다(Hasenfeld, 1992; 황성철 · 정무성 · 강철희 · 최재성, 2006).

첫째, 사회복지조직은 일반적으로 재원의 지속적인 조달을 직접적으로 통제할 수 없다. 따라서 재원조달을 직접적으로 통제하려고 시도하지도 않는다. 사회복지조직은 법적으로 위임된 서비스의 경우에도 재정할당에 대한 재량권이 제한되어 있다. 특히 영리부분과 비교할 때 서비스에 대한 전체 비용을 지불할 수 있는 소비자들에 대한 홍보, 마케팅 등의 시도를 충분히 하지 못하고 있다. 이런 시도는 오히려 영리조직들로부터 '부당한 경쟁'이라고 비난받을 수도 있다.

둘째, 사회복지조직의 재원은 매우 다양한 형태로 구성된다. 사회복지조직의 재원조달 방법은 크게 네 가지로 나누어 볼 수 있다. 첫째, 중앙정부 및 지방정부로부터 직접적으로 지원받거나 계약의 형태로 지원받는 정부보조금이다. 이것은 사회복지조직의 예산에서 가장 큰 부분을 차지한다. 둘째, 법인전입금, 협찬후원금, 직접적인 개별 기부나 유증 등의 형태로서의 기부금이다. 셋째, 서비스 이용자들로부터의 요금, 기관의 시설이나 장비대여료, 상품판매 등을 통한 수익금, 넷째, 기타 특별행사를 통한 모금이나 기증, 투자 등의 수입원을 갖는다. 이러한 각각의 유형들은 사회복지조직의 특성에 따라 비중이 달라지게 된다.

셋째, 다양한 원천으로부터 재원을 확보하기 위해 사회복지조직은 특별한 업무를 수행해야 한다. 이러한 특별한 업무는 각 기금주의 특성에 따라 다양하다. 즉, 재단에 사업제안서(proposal)를 제출하거나 정부와 계약관계를 맺고, 기부자에게 후원금을 요청하거나 사회복지기관들과 연대하여 모금행사를 개최하고, 클라이언트들에게 요금을 지불하도록 마케팅하고, 특별행사를 조직화하는 등의 재원확보 전략을 추진해야 한다.

사회복지조직의 예산은 일반적으로 인건비, 사업비, 관리운영비로 구분하는데, 이 중 인건비 비중이 가장 높은 편이다. 지역사회나 클라이언트들에게 서비스를 제공하는 주체는 주로 사회복지사이기 때문이다.

3) 예산수립의 성격

프로그램 기획과정에서 예산수립 과정은 문제해결을 위한 각각의 서비스에 대해 기관의 인적·재정적 자원을 배치시키는 과정이라 할 수 있다. 이 과정에서는 기관이 사용할 수 있는 재원, 내부 직원 및 외부 전문가나 자원봉사자, 프로그램 대상자 욕구의 양이나 분포, 그리고 조직의 고유목표와의 관련성 등이 종합적으로 고려되어야 한다. 따라서 프로그램 기획자는 프로그램 내용뿐만 아니라 예산수립의 이러한 특성을 충분히 이해하고 있을 때 적절한 예산수립을 할 수 있다.

예산수립은 단순히 1년간의 수입 · 지출에 대한 재정계획을 수립하는 것만이 아니라 다음과 같은 성격도 가진다(Weiner, 1990; 최성재 · 남기민, 2006).

(1) 예산수립은 정치적 과정이다

예산수립의 과정이 정치적(political) 성격을 가진다는 말은 예산수립이 명확하게 설정된 절차에 따라 전개되는 것이 아니라 프로그램과 관련된 이해당사자들끼리 갈등이 존재할 수 있다는 것이다. 예를 들어, 저소득층 자녀 방과 후 프로그램에서 급식 · 간식 등의 지원에 초점을 맞출 것인지, 아니면 학습능력 향상을 위한 교육에 초점을 맞출 것인지는 기관 또는 프로그램 기획자의 의도가 영향을 미친다. 물론 보다 근본적으로는 대상집단의 문제규모나 욕구, 사회복지기관의 고유목표와의 관련성 정도가 먼저 고려되어야 한다.

(2) 예산수립은 그 자체가 하나의 기획과정이다

예산수립 과정은 프로그램의 활동내용이 구성되고 난 후 그에 따라 기획되는 것으로 보일 수 있다. 그러나 예산수립은 목표설정, 대안 개발 및 선택, 활동내용 구성 등 프로그램 기획의 전 과정에 걸쳐 동시에 진행된다. 왜냐하면 예산수립은 사회복지조직의 해당 프로그램에 투입할 수 있는 재정적 역량 내에서 이루어져야 하기 때문이다. 이 과정에서 기획자는 가용예산의 규모에 따라 목표의 수준, 대상자의 규모, 활동내용의 범위나 양, 얼마나 많은 인력을 투입할 것인가를 결정하게 되는 것이다. 프로그램의 목표달성을 위한 활동내용이 구체화되었을 때 예산수립도 명확히 될 수 있는 것이다.

(3) 예산수립은 프로그램 관리과정이다

예산수립은 프로그램 활동의 내용이나 규모, 시행일정 등을 전반적으로 검토하면서 이루어진다. 따라서 예산을 관리하는 것은 곧 프로그램을 직접적으로 관리하는 과정이다. 예를 들어, 예산이 계획 대비 50% 정도 사용되었다면, 프로그램의 진행 정도도 그 정도일 것이라고 보아도 무방할 것이다.

(4) 예산수립은 인간적 과정이다

대인서비스를 주로 제공하는 사회복지조직은 직원과 클라이언트의 접촉을 통해서 조직목표를 달성하게 된다. 조직목표 달성을 위한 예산수립 과정은 사회복지기관의 핵심적 활동 중의 하나이며, 이러한 과정이 조직의 직원들과 클라이언트 간의 상호작용과 활동과정이라는 것이다.

참고자료

프로포절에 대해 부정적 인식을 갖게 하는 요인

① 프로포절 작성지침을 충족시키기 위해 프로그램을 무리하게 변경하는 경우이다. 이 경우 프로포절의 체계성, 특히 문제의 원인과 목표설정, 목표와 활동내용, 활동내용과 평가 간의 관계가 불분명하게 드러난다(Coley & Scheinberg, 정무성 역, 1998). 자금지원기관에서 배포한 양식에서 해당 사항이 없을 경우 비워두는 것이 바람직하며, 무리하게 양식에 맞출 필요는 없다.

② 실행예산에서 프로그램의 규모에 비해 예산이 과도하게 책정되어 있는 경우, 그리고 자금 확보에서 근거가 제시되어 있지 않은 기부금이 너무 많은 경우이다. 프로포절을 제출한 경험이 있는 현장 실무자들은 신청한 예산이 삭감될 경우를 대비해 예산을 과다하게 책정하는 경우가 있다. 가령 실제 2천만 원 정도의 예산이 소요될 것으로 예상되는 프로그램인데, 2천 5백만 원 정도의 예산을 신청하는 경우이다.

③ 예산집행 계획에서 자부담이 거의 없는 경우이다. 사회복지공동모금회에서 지원하는 사업에서 자부담을 요구하거나, 동일 사업을 3년 이상 지원하지 않을 경우가 있다. 3년 정도 지원받은 사업에 대해 기관의 내부 예산으로 충당하지 못할 경우 이러한 프로그램은 기관의 역량을 벗어난 것이거나, 기관의 고유목표와의 관련성이 적은 경우가 많다(물론 예외적인 경우도 있다).

④ 수행인력을 필요 이상으로 많이 배정한 경우이다. 프로그램의 규모에 비해 실무진이 과도하게 배치되었거나, 외부인력이 필요 이상으로 배정된 경우이다. 실제 프로그램 수행인력이라기보다 과시용으로 보일 수 있으며, 비효율적인 인력배치라고 할 수 있다.

2. 예산수립의 유형

예산수립에서 프로그램이 무엇을 가장 중요한 요소로 삼느냐에 따라 예산체계는 주로 네 가지 모형으로 분류한다. 일반적으로 품목별 예산(line-item budgeting), 성과주의 예산(performance budgeting), 계획예산(planning programming budgeting system), 영기준 예산(zero-based budgeting)이다. 최근 들어 정부 및 공공기관뿐만 아니라 사회복지조직에서도 대부분 성과주의 예산방식을 사용한다. 여기서는 기본적이라 할 수 있는 품목별 예산방식과 일반적으로 사용되고 있는 성과주의 예산방식을 살펴본다.

1) 품목별 예산

품목별 예산방식은 가장 오래되고 많이 사용하였던 것으로, 구체적인 대상품목은 프로그램의 목표나 이유에 의해서 보다는 그 자체의 성격별로 구분된다. 예를 들어, 봉급, 수당 등을 묶어 '인건비'로, 사무용품, 다과 등을 묶어 '소모품비'로, 우표, 택배비, 화물운임 등을 묶어 '운송료'의 품목으로 예산항목을 만들고, 예산항목별로 비용을 정리한다. 지출대상은 다시 세부적인 품목으로 구분하는데, 인건비를 월급, 수당 등으로 구분하는 것이다.

이 예산방식은 지출을 통제하기는 쉽지만 각각의 예산항목이 어떤 프로그램에 사용되는지 명확하게 파악할 수 없다는 단점이 있다. 다시 말해, 품목별 예산은 사회복지조직이 구입하고자 하는 용역이나 물품에 대해 명백히 표시는 할 수 있지만, 그 용역이나 물품을 어떠한 목적으로 구입하는지 표시하기가 어렵다는 것이다.

〈표 7-1〉 품목별 예산의 예시 (단위 : 천 원)

지출항목	예산(2010년)	
인건비		250,000
수당		70,000
운영비		50,000
용품비	10,000	
전화비	3,000	
임대료	3,000	
인쇄비	5,000	
홍보비	20,000	
회의비	9,000	
총 계		370,000

2) 성과주의 예산

성과주의 예산은 기능주의 예산, 프로그램 예산이라고도 한다. 예산을 사업계획이나 활동 등 기능별로 분류하여 예산지출과 성과의 관계를 명확히 하기 위한 예산방식이다. 이 예산방식은 조직의 활동을 기능별 또는 프로그램별로 나누고 이를 다시 세부 프로그램으로 나누어 세부 프로그램 단위원가를 계산하여 업무량을 곱해 예산액을 정한다.

성과주의 예산에서 세부사업에 대한 구체적 비용은 전년도 실행자료를 통해 '단위원가 × 업무량 = 예산액'으로 비용을 계산한다.

〈표 7-2〉 성과주의 예산의 예시 (단위 : 천 원)

예산항목	2016년도 예산	2017년도 예산	
		제 출	승 인
서비스 제공활동			
상담	70,000,000	80,000,000	80,000,000
방과 후 아동보호	50,000,000	55,000,000	52,000,000
위탁보호	39,000,000	45,000,000	40,000,000

서비스 후원활동			
일반관리	10,000,000	12,000,000	12,000,000
행사	25,000,000	30,000,000	22,000,000
지출예산 총계	194,000,000	222,000,000	206,000,000

〈실행자료〉

1. 상 담			
목표 클라이언트 수	250명	250명	250명
단위비용			
클라이언트당	280,000	320,000	320,000
시간당	28,000	32,000	32,000
2. 방과 후 아동보호			
:			
:			

3. 예산수립 과정

1) 예산수립 과정

프로그램 예산안은 기관의 특성이나 클라이언트 욕구, 기금 제공자의 요구에 따라 다양하게 만들어질 수 있으나 일반적으로 다음과 같은 네 가지 요소들로 구성된다.

① 프로그램의 목표에 대한 개요

② 단위 서비스에 대한 정의

③ 대상자 집단 및 서비스 활용수준에 관한 추정치

④ 프로그램 실행을 위해 소요되는 비용

이러한 요소를 포함하는 예산안은 다음의 과정을 거쳐 작성한다(Gross et al., 1991).

(1) 프로그램의 목표 검토

예산안을 작성하기 위해서는 먼저 프로그램의 목표에 대한 재검토가 이루어져야 한다. 또한 추진하고자 하는 프로그램이 기관의 고유목표에 부합하는지, 클라이언트 및 지역사회의 욕구가 제대로 반영되었는지를 검토한다.

(2) 프로그램의 목표달성 비용 추정

클라이언트 및 지역사회의 욕구를 충족시키기 위해서는 전체 비용이 어느 정도 필요한지를 검토한다. 또한 이 프로그램을 위해서 기관에서 투입할 수 있는 재정적 역량은 어느 정도인지를 검토하게 된다.

(3) 기관의 기대수입 추정

사회복지기관을 둘러싼 사회 · 경제 · 정치적인 환경에 대한 분석을 토대로 다음 연도에 기관의 기대수입을 추정한다. 정부보조금의 변동, 후원금에 대한 기대치, 사업을 통한 수입, 이용자 부담금 등을 검토한다.

(4) 목표달성에 필요한 비용과 기대수입의 비교

사회복지 프로그램의 경우 대부분은 추정비용과 기대수입을 비교하면 추정비용이 기대수입을 초과하게 된다. 따라서 사회복지기관은 고유목표와 사명에 견주어 다음의 사항에 대해 결정한다.

첫째, 클라이언트 및 지역사회의 욕구 중에서 가장 심각한 것은 무엇인가?, 즉 가장 중요한 서비스는 무엇인가?

둘째, 추정비용을 줄일 수 있는 방법은 무엇이 있는가?

셋째, 기대수입을 늘릴 수 있는 방법은 무엇인가?

(5) 예산안 작성

프로그램 기획자는 예산안을 완성하고 관리자뿐만 아니라 프로그램에 직간접적으로 참여할 동료 직원들과 협의하는 것이 바람직하다. 기관의 구성원 및 클라이언트 등 이해당사자들이 참여함으로써 프로그램에 대한 이해를 높일 수 있다.

예산수립 과정에서 이러한 단계를 거치는 이유는 실시하고자 하는 프로그램이 조직의 고유목표와 부합하는지, 프로그램의 목표달성을 위해 적합한지, 필요한 예산의 조달이 가능한지 파악하고 전반적인 예산배분의 효율성을 높이기 위해서이다.

참고자료

예산안 작성

예산안 작성 시 사전 시장조사를 통한 실질적인 예산수립이 필요하다. 예산을 수립할 당시 인건비, 물품구입비 등을 구체적으로 파악하지 않고 임의적으로 예산을 책정하게 되면, 프로그램 종료 후 어떤 항목의 예산은 과다 집행되고 어떤 항목의 예산은 극히 일부분만 집행되거나 아예 집행되지 않는 사례들로 나타난다.

특히 지원대상으로 선정된 후 세부 예산수립 시에는 더욱 더 세밀한 예산수립이 요구된다.

4. 예산작성

프로그램의 예산은 인건비, 사업비, 관리운영비 등 크게 세 가지 영역으로 나누어 편성한다. 사회복지공동모금회의 경우 사업에 직접 투입되는 비용, 즉 직접비만 예산에 기입하도록 하고 있다. 직접비는 해당 프로그램만을 위해 새롭게 투입해야 할 비용이고, 간접비는 그 프로그램이 다른 프로그램과 공유하는 비용이다.

예를 들어, 해당 프로그램을 위해 직원을 새로 채용한다면 그 인건비는 직접비에 해당되고, 기존 직원이 해당 프로그램에 슈퍼비전을 제공한다면 그 인건비는 간접비에 해당된다.

참고자료

예산안 작성

기관의 기존 인력에 대한 수당을 예산에 편성하는 것은 논쟁의 소지가 있다. 한편으로는 사회복지기관 종사자의 보수가 열악하기 때문에 외부 프로젝트의 수주를 통해 낮은 보수를 채울 수 있다고 판단할 수 있다. 다른 한편으로는 사회복지기관 종사자에 대한 처우 개선은 사회복지공동모금회나 여타 지원기관의 몫이라기보다 중앙정부나 지방정부의 책임이라고 볼 수 있는 것이다.

사업비(목)의 경우 세부목표나 프로그램별로 세목을 구성하는 것이 여러 가지 측면에서 효과적이다. 이렇게 할 경우 세부목표(혹은 프로그램)별로 비용을 한눈에 비교할 수 있고, 성과측정 후 성과별 비용계산이 용이하기 때문이다. 그리고 프로그램 수행 중 예산변경이 필요할 때 세목 간 변경이 훨씬 쉽다.

〈표 7-3〉 프로그램 예산계획의 예시 (단위 : 원)

관	사업비							
항	공동모금회 “저소득층 아동 야간보호” 사업비							
목	세 목	계	산출근거	예산조달 계획				
				신청금액	비율(%)	자부담	비율(%)	자부담 재원
총 계		16,000,000		13,100,000	100	2,900,000	100	
인건비	담당인력 야근수당	4,800,000	담당인력 2명 × 1시간 5,000원 × 1일 × 4시간 × 월 10일 × 12개월	4,800,000				
	소 계	4,800,000		4,800,000	36.6			

사업비	야간 귀가 차량 운행	2,000,000	주 5회 × 10,000원 × 40주			2,000,000		자체 예산
	기초 학습 지도 프로그램	2,600,000	학습교재비 국/ 영/ 수 × 연간 6권 × 5,000원 × 20명	600,000				
			자원봉사자 교통비 대학생 2인 × 주 5회 × 5,000원 × 40주	2,000,000				
	가족 관계 개선 프로그램	4,800,000	상담 및 특별활동 프로그램 (나들이, 체육대회, 요리, 영화보기) 20가족 × 가족당 20,000원 × 12개월	4,800,000				
	소 계	9,400,000		7,400,000	56.5	2,000,000		
관리운영비	야간 난방비	900,000	월 150,000원 × 6개월(1~3월, 10~12월)			900,000		자체 예산
	전기료	900,000	야간전기 사용료 월평균 50,000원 × 12개월 냉방비(에어컨) 월평균 100,000원 × 3개월	900,000				
	소 계	1,800,000		900,000	6.9	900,000		

출처 : 사회복지공동모금회(2015). 2016 배분사업 안내, p. 36 수정 작성.

1) 항의 " " 부분에 사업명을 기입하고, 목은 인건비, 사업비, 관리운영비로 구분한다. 해당 목에 대한 예산이 없을 경우 삭제하고 작성한다. 인건비의 경우 이 프로그램을 위해 새롭게 투입되는 인력에 대한 것만 편성한다.

2) 세목에는 해당 사업에 필요한 프로그램을 편성한다. 각각의 세목에 포함되는 항목은 다음과 같다.

① 세목에 포함되는 항목

목	설 명	해당 항목
인건비	해당 사업을 직접적으로 수행하는 인력에 투입되는 비용	프로그램 담당자, 보조담당자 인건비
사업비	프로그램의 수행에 필요한 직접비용(클라이언트에게 제공되는 서비스에 필요한 비용)	강사비, 자원봉사자 수당, 자문비, 회의비, 행사진행비, 홍보물품 구입, 사업결과보고서 제작비 등
관리 운영비	프로그램의 수행에 필요한 관리비용	사무용품비, 냉난방비, 우편료, 사업담당자 교통비 등

② 세목은 너무 구체적으로 작성하거나 포괄적으로 작성하기보다는 아래표와 같이 프로그램 단위나 세부목표별로 작성하는 것이 회계업무 처리에 있어 효율적이다.

프로그램 단위로 세목을 설정한 경우 (O)	
세 목	산출근거
가족관계 증진을 위한 나들이 프로그램	버스대여(25인승) 300,000원
	도시락/ 다과 5,500원 × 30개 165,000원
	입장료 2,000원 × 30명 60,000원
계	525,000원

개별 활동별로 세목을 설정한 경우 (×)	
세 목	산출근거
나들이 버스 대여	버스대여비(25인승) 300,000원
도시락/ 다과	5,500원 × 30개 165,000원
입장료	2,000원 × 30명 60,000원
계	525,000원

3) 산출근거는 구체적으로 어떠한 내역으로 예산이 산출되었는지 실제 단가, 수량과 인원수, 건수나 횟수 등의 순으로 기재한다. 산출근거에서 단가(단위당 비용)를 제일 앞 부분에 그리고 수량, 횟수 등의 순으로 기재하면, 다른 세목의 예산과 비교하기가 훨씬 쉽다.

4) 예산조달 계획에는 신청금액 및 자부담 금액을 기입한다. 배합자금(matching-funds)으로서의 자부담의 제시는 매우 중요하다. 자부담 능력을 보여준다는

것은 향후 이 프로그램을 기관의 독자적인 능력으로 수행할 수 있다는 것을 의미한다(물론 예외적인 사항도 있다). 앞에서도 언급했지만 향후 수년간 이 프로그램에 대한 자부담 능력이 없다면 기관의 능력을 벗어나는 사업으로 보일 수 있기 때문이다.

5) 신청금액에 대한 비율은 신청금액 총액 대비 각 항목이 치지하는 비율을 자부담의 비율로 전체 자부담 대비 해당 항목의 백분율을 산출하여 기재한다.

6) 자부담 재원은 자체예산, 외부지원(지원처), 수익금(참가비), 기금, 기부금 등 세부적으로 구분하여 기입한다.

참고자료

비품/ 장비 구입 시 예산편성 방법

프로그램 수행을 위해 직접적으로 필요한 비품/ 장비만 대상이 된다. 수혜대상이 클라이언트인 경우(장애인작업장 생산장비 구입, 컴퓨터 교실 운영을 위한 컴퓨터 구입 등) **사업비에 편성**하고 간접적으로 필요한 것으로 사업 운영에 도움이 되는 비품/ 장비는(담당자 컴퓨터 구입 등)는 **관리운영비에 편성**한다. 단, 비품/ 장비 구입비가 신청금액의 50%를 초과할 경우에는 프로그램 사업으로 신청할 수 없고, 신청사업의 기능보강사업으로 신청한다.

Chapter 08 프로그램 평가

1. 프로그램 평가의 중요성과 기능

평가는 사회복지 프로그램의 실시로 인한 영향(impact), 즉 성과를 측정하는 것이다. 클라이언트 욕구충족이나 사회문제 해결(목표)을 위한 프로그램(수단)이 제대로 기능을 했는지를 파악하는 것이라고 할 수 있다. 프로그램 평가를 통해 프로그램 설계과정(문제분석, 목표설정, 세부 실행계획 수립, 예산수립, 평가방법)에서의 문제점을 파악하고, 이를 통해 추후 서비스의 질 개선으로 이어질 수 있는 것이다.

'프로그램 평가'라는 말 자체가 경험이 많은 사회복지사들에게도 왠지 부담감을 가지게 한다. 통계, 척도, 표본 등 평가도구들을 연상하면서 '어렵다'고 생각하게 된다. 프로그램 평가에 대한 이해를 위해서는 우선적으로 '어렵다'는 선입견으로부터 벗어나는 것이 중요하다. 프로그램 평가와 관련된 용어 자체는 낯설게 느껴질지라도 평가의 논리는 사회복지현장에서 일상적으로 사용하고 있는 것들이기 때문이다.

제대로 된 평가는 프로그램의 효과성과 효율성을 높일 뿐만 아니라 사회복지 서비스 환경을 발전시키는 역할을 한다. 과거에 단순히 '좋다'라는 차원에서 벗어나 이제는 수행한 것들을 증명하는 것(결과평가)과 그것이 어떻게 행해지고 있는지를 기록하는 것(과정평가)이 절대적으로 필요하다.

'평가'라고 했을 때 대부분의 사람들은 프로그램 종료 후에 프로그램이 어떠하였는지에 대한 것을 측정하는 것이라고 생각하는 경향이 있다. 그러나 실제

평가는 시작부터 그 프로그램과 통합적으로 수행되어야 할 필요가 있다. 참여평가(participatory evaluation)는 프로그램에 영향을 미치거나 프로그램 수행과 관련된 모든 이해당사자들(stakeholders)을 연계시킨다.

참고자료

사회복지 프로그램의 이해당사자

- 클라이언트
- 클라이언트 가족
- 지역주민
- 공무원
- 옹호집단
- 정부자금 지원기관
- 사회복지재단
- 이사회
- 기관행정가
- 감사 및 회계사
- 기타 집단

참여평가는 이해당사자들에게 단순히 특정한 부분을 맡기는 것이 아니다. 프로그램의 전 과정에서 수혜자와 프로그램 수행자의 파트너십이 필요하고, 프로그램의 대상자로서의 수혜자가 아니라 프로그램 공동진행자(copilot)로서의 역할을 한다. 그렇게 했을 때 그들의 진정한 욕구를 분명히 드러낼 수 있게 된다. 평가전문가, 프로그램 집행자, 수혜자 또는 참여자, 기타 지역사회 구성원 모두가 클라이언트의 삶의 질 향상을 위한 노력에서 동료가 되는 것이다(www.ctb.ku.edu).

사회복지 프로그램에서 평가결과는 다양한 용도로 사용되고, 특히 프로그램을 실행한 사회복지사의 입장에서는 자신의 노력을 입증하기 위한 도구로 사용할 수 있다. 평가를 통해서 변화가 필요한 지점이 어디인지, 문제의 강점은 무엇인지와 부가적인 활동을 제시할 수 있고, 궁극적으로는 책임성을 확인시켜 줄 수 있다.

평가란 사회복지 프로그램 또는 기관의 계획, 수행, 성과 등 제반 활동들을 체계적으로 가치판단(value judgement)하는 것을 의미한다(Rossi & Freeman, 1993). 어떤 사물 혹은 속성에 대해 가치판단을 하려면 반드시 판단의 준거(criteria) 또는 표준

(standard)이 있어야 한다. 평가를 통해서 획득하고자 하는 것은 정보(information) 또는 유용한 피드백으로서 전체 기관이나 시행 중인 프로그램에 대한 구체적인 내용들을 제공받는다. 이러한 평가결과를 통해서 사회복지 종사자는 자신의 업무에 대한 목표달성 정도를 확인·검정할 수 있고, 정부, 후원자, 클라이언트 및 그 가족 등 다양한 이해당사자들에게 합리적인 답변(김통원, 1999)을 제공할 수 있게 된다. 사회복지조직의 입장에서 프로그램에 대한 책임성(accountability)을 확보하기 위해 모든 것을 계량화할 수는 없을 것이다(이창호, 1991).

프로그램 평가의 필요성은 크게 다음 세 가지로 나누어 볼 수 있다.

1) 사회복지기관의 책임성 확보

사회복지기관은 사회로부터 위임을 받아 기관의 고유목표를 달성하기 위해 과업을 제대로 실행해야 할 책임이 있다. 프로그램 평가는 사회복지기관의 책임성 확보를 위한 근거자료를 제공하여 프로그램이 만족스럽게 실행되고 있다는 증거를 제시하는 역할을 한다. 그렇게 함으로써 사회복지기관 존립의 정당성이 확보되기 때문이다.

사회복지기관에서 책임성을 확보하고자 할 때 프로그램 평가는 다음과 같은 이점을 가진다(Coley & Scheinberg, 정무성 역, 1998).

첫째, 기관이 프로그램 목표를 측정할 수 있도록 분명한 행위목표를 설정하게 만든다.

둘째, 기관이 서비스에 접근하는 방법을 계속적으로 개선하도록 돕는다.

셋째, 과업을 완수하는 데 필요한 노력과 비용에 대해 피드백을 함으로써 이후 과정에서 조정할 수 있도록 해준다.

넷째, 클라이언트와 효과적 개입에 대한 지식을 넓힘으로써 기관이 클라이언트의 욕구를 만족시킬 수 있는 능력을 향상시킨다.

다섯째, 기관이 서비스의 성과를 일반 국민들과 소통함으로써 일반의 지지를 높인다.

여섯째, 프로그램 평가결과를 널리 보급하여 다른 기관들이 프로그램을 개발하는 데 도움을 준다.

2) 의사결정에의 도움

프로그램 평가결과로 나타난 정보는 기관의 정책이나 프로그램과 관련된 모든 이해당사자들이 의사결정을 하는 데 도움을 준다.

프로그램 평가의 근본적인 목적은 서비스의 질을 향상시키는 것이다. 이를 위해서 사회복지기관의 프로그램 관련자들은 프로그램의 어떠한 목표가 달성되었고, 어떤 부분이 부족하였는지에 대한 정보가 필요하다. 그리고 프로그램의 확대, 축소, 수정 등에 관한 근거자료를 통해 향후 예산수립을 새롭게 할 수 있는 것이다.

아쉽게도 사회복지기관에서 평가결과의 활용은 활성화되지 못한 측면이 있다. 특히 사회복지기관 평가의 경우 자신의 기관이 어떤 등급을 받았는지에 대한 관심이 지나친 나머지 개선해야 할 부분은 오히려 소홀히 하는 경향이 있다. 더구나 평가결과를 기관의 모든 직원들이 공유하지 않는 경우도 볼 수 있다.

3) 지식기반의 확대

프로그램 평가는 특정 사회문제에 대한 사회복지적 개입방법과 실천방법의 효과성을 검증하는 과정이라 할 수 있다. 특정 개입방법이 효과적이라는 평가결과가 도출되었다면, 그 방법은 이론적으로나 실천적으로 보다 많은 기관에서 활용될 수 있을 것이다. 다양한 기관에서 그 개입방법을 사용함으로써 효과적인 개입방법에 대한 지식을 넓힐 수 있고, 사회복지기관이 클라이언트의 욕구충족이나 사회문제의 해결능력을 향상시킬 수 있는 것이다.

2. 평가의 유형

1) 평가의 종류와 방법

프로그램 평가는 그 목적에 따라 크게 두 가지로 나눈다. 첫째, 총괄평가(summative evaluation)인데 이는 프로그램 투입에 대한 총체적인 판단을 내리기 위하여 행해지는 평가이다. 그 결과를 근거로 프로그램을 계속 유지할 것인지 혹은 축소, 중단, 확대할 것인지 등에 대한 판단을 내리게 된다. 둘째, 형성평가(formative evaluation)로서 프로그램의 원활하고 성공적인 수행을 위해서 문제점을 찾아내어 수정, 보완할 목적으로 실시되는 평가를 말한다.

프로그램의 어느 측면을 평가의 대상으로 삼아야 할 것인가를 기준으로 프로그램 평가를 유형화할 수 있다. 요크(York)는 다음과 같은 일곱 가지 기준을 제시하고 있다. 그 일곱 가지는 ① 노력(effort), ② 효율성(efficiency), ③ 효과성(effectiveness), ④ 영향(impact), ⑤ 서비스의 질(quality of services), ⑥ 과정(process), ⑦ 형평성(equity)이다(표 8-1 참조).

이외에 만족도도 평가의 중요한 기준이 될 수 있다. 프로그램에 대한 만족도는 수혜자뿐만 아니라 가족, 고용주의 만족도까지도 평가대상에 포함되어야 한다.

〈표 8-1〉 평가의 종류와 방법

평가의 종류	평가방법/ 도구
노력 평가	노력의 양[클라이언트 수/ 서비스 단위(unit)] 측정
효과성 평가	단일사례분석(single subject design) 목표달성척도(GAS : Goal Attainment Scale) 평가조사(evaluation research)
효율성 평가	서비스 단위당 비용(cost per service unit) 비용-효과 분석(cost-effectiveness analysis) 비용-편익 분석(cost-benefit analysis)
영향 평가	평가조사(evaluation research)

서비스의 질 평가	동료리뷰(peer review, quality assurance)
과정 평가	동료리뷰, MBO(Management by Objectives)
형평성 평가	평가조사(evaluation research)

평가가 프로그램 운영에 대한 위협을 주기 위한 것이어서는 안 되며, 또한 프로그램의 문제점을 해결하는 만병통치약으로 맹신되어서도 안 된다. 앞에서도 언급한 바와 같이 평가의 기본적인 목적은 프로그램을 수정, 보완하고 보다 나은 사회복지서비스를 제공하기 위한 체계를 구축하는 데 필요한 정보를 제공하는 것이다.

참고자료

질적 차원의 15개 영역

① 접근성(accessibility) : 서비스에 접근하거나 얻기가 쉽다.
② 확실성(assurance) : 직원이 친절, 공손, 신중하고 관련지식을 많이 가지고 있다.
③ 의사소통(communication) : 서비스나 프로그램 정보를 클라이언트가 이해할 수 있는 언어로 고지한다.
④ 자격 여부(competency) : 직원이 서비스를 제공하는 데 필요한 지식 및 기술을 갖추고 있다.
⑤ 준수성(conformity) : 서비스가 표준을 준수한다.
⑥ 예의성(courtesy) : 직원이 클라이언트에게 존경을 표한다.
⑦ 결핍성(deficiency) : 클라이언트 만족에 역기능을 유발하는 모든 질적 특성을 말한다.
⑧ 지속성(durability) : 수행, 결과, 성과가 즉각적으로 사라져 버리지 않는다.
⑨ 공감(empathy): 직원이 클라이언트에 대한 개별화된 이해와 관심을 보여준다.
⑩ 인격성(humanness) : 클라이언트의 존엄성과 자존심을 보호하는 방식으로 서비스가 제공된다.
⑪ 수행성(performance) : 서비스가 계획된 대로 수행된다.
⑫ 신뢰성(reliability) : 시간이 지남에 따라 신뢰할 수 있고 일관되게 서비스를 제공하는 능력을 말한다.

⑬ 반응성(responsiveness) : 직원이 서비스를 제공하는 시기의 적절성을 말한다.
⑭ 안정성(security) : 서비스가 안전한 장소에서 제공되며 위험이 존재하지 않는다.
⑮ 가시성(tangibility) : 설비, 장비, 인적자원, 출간된 자료의 물리적인 외형을 말한다.

출처 : Martin & Kettner(1996). Measuring the Performance of Human Service Programs. SAGE, p. 42.

2) 프로그램 목표 평가

프로그램 평가에서 무엇을 평가할 것인가는 매우 중요한 문제이다. 직업훈련 프로그램에서 '취업률'을 평가항목으로 설정한 경우에 몇 %의 취업률을 목표로 할 것인가?, 즉 프로그램 성공의 기준은 얼마로 잡을 것인가의 문제이다.

예상 목표치는 조직의 책임자, 프로그램의 책임자, 그리고 서비스 제공에 책임이 있는 평가팀 간의 합의에 의해서 설정되어야 한다(김통원, 1999).

〈표 8-2〉 프로그램 목표 평가내용의 예

	사회적응 훈련	직업적응 훈련	직업 훈련
효과성	① 프로그램 참석률 ② 다른 프로그램 참가율 ③ 사회적응도(SAS-SR)	① 프로그램 참석률 ② 다른 프로그램 참가율 ③ 직업적응도(KS)	① 고용률 ② 참석률 ③ 임금 ④ 작업수행능력(GS)
효율성	① 훈련비용 ② 훈련기간	① 훈련비용 ② 훈련기간	① 훈련비용 ② 훈련기간
만족도	① 프로그램 만족도(CSQ)	① 프로그램 만족도(CSQ)	① 프로그램 만족도(CSQ) ② 고용주의 만족도(MSS) ③ 주관적 삶의 질(AWS)

3) 평가항목 선정을 위한 목표 테이블 만들기

〈표 8-3〉 직업적응 훈련 프로그램의 목표 테이블의 예시

	목 표	측 정	대 상	시 기	자료출처	목표 기대치
1	경쟁고용된 c't의 백분율 극대화	고용된 c't(%)	프로그램을 종료한 c't	종료 후 60일	고용주	85%
2	경쟁고용된 c't의 임금 극대화	평균임금	고용된 c't	고용 후 60일	고용주	10% 상승
3	복지수혜 의존도 감소	각종 사회복지 혜택	고용된 c't	수시	동사무소, 사회복지 기관	20% 감소
4	직업적응능력의 극대화	FAI 점수	프로그램에 참여한 c't	프로그램 전후 또는 중간	c't	10% 상승
5	c't의 프로그램 참석률 극대화	c't 참석률(%)	시작한 c't	종료직후	출석부	80%

클라이언트 만족도는 제공된 프로그램에 대해 얼마만큼 만족하는가로, 평가체계에서 중요한 요소 중의 하나이다. 그러나 클라이언트 만족도만으로는 프로그램의 성공 여부를 판단하기는 어렵다. 만족도라는 것은 다분히 클라이언트의 주관성이 개입되기 때문이다. 예를 들어, 동일한 예산으로 동일한 프로그램(예 캠프)을 실시하였더라도, 노인들의 경우 만족도 수준이 95% 이상이지만, 청소년들의 경우 70%도 채 안 되는 만족도 결과가 나타날 수 있다.

4) 수행평가

수행평가(performance measurement)는 기존의 성과(outcomes)중심보다 더 포괄적인 성격을 가진 것으로(Martin & Ketter, 1996), '성과중심의 평가'는 오직 결과·성과만을 측정대상으로 하지만, 수행평가에서는 투입, 과정, 산출, 그리고 성과와 관

련된 모든 핵심변수들을 포함한다(김통원, 1999).

수행평가란 사회복지 프로그램의 효율성, 질, 효과성에 대한 정보의 정기적인 수집과 보고라고 정의된다. 예를 들어, 자활 프로그램에서 수행평가는 프로그램에 의해 제공된 서비스의 양, 서비스의 질, 프로그램의 결과 또는 영향, 그리고 비용 등과 같은 정보의 정기적인 수집 및 보고와 관련된 것이다.

수행평가가 중요한 것은 프로그램의 과정, 즉 문제의 원인이 구체적으로 분석되었는가, 프로그램의 목표수준이 적절한가, 제공된 서비스의 양은 얼마나 되는가? 등을 측정(평가)할 수 있기 때문이다.

일반적으로 사회복지 프로그램에 대한 수행평가(performance measurement)는 체계모델을 적용하여 설명한다(Moroney & Martin, 1990; Rosenberg & Brody, 1974; 김통원, 1999). 투입, 과정, 산출, 성과, 그리고 환류의 과정에서 수행평가는 효율성 관점, 품질성 관점, 효과성 관점을 통합한 것이다. 첫째, 효율성 관점은 투입과 산출의 비교를 통해 생산성을 평가하는 방법이다. 둘째, 품질성 관점은 기업의 품질경영(Total Quality Management)[1] 등에서 연유한 것이지만 사회복지 분야에서는 거의 적용되지 않고 있다. 셋째, 효과성 관점은 성과를 강조하는 접근이다.

미국의 경우 수행평가를 보급하고 확대시키는 데 중요한 요소들로 다음 다섯 가지를 들고 있다. 첫째, 정부의 모든 부서들이 수행평가의 효과성에 대한 보고를 해야 한다고 명시한 GPRA(The Government Performance and Results Act, 1993), 둘째, GPRA의 수행을 가속화하기 위해 수행측정에 대한 보고계획을 의무화한 국정성과평과(NPR : National Performance Review)이다. 셋째, 사회복지 프로그램의 질을 촉진하는 데 의식화하도록 도움이 된 TQM 접근, 넷째, 의료보급뿐만 아니라 사회복지서비스 전달에 대한 다양한 아이디어들을 기술하기 위해 사용된 의료관리제도(managed care), 마지막으로, 정부체계표준위원회(GASB : Governmental Accounting Standards Board)의 서비스 노력 및 성취(SEA : Service Efforts and Accomplishments) 보고 등이다(Martin & Kettner, 1996).

1) TQM이란 업무의 모든 국면(total)에서 수혜자의 기대를 충분히 만족(quality)시키도록 조직의 역량을 유지하고 개발(management)하는 관리시스템이다(Richardson, 1997; 김통원, 1999).

이 중 SEA 보고는 확장된 체계모델에 기반한 것으로 다음 세 가지로 나누어진다. 첫째, 서비스 노력은 사회복지 프로그램에 투입(input)되는 자원을 말하며, 주로 프로그램의 총비용, 프로그램에 투입된 직원의 수, 프로그램상에서 작업한 총 근무시간 등을 측정한다. 둘째, 서비스 성취는 산출과 성과를 포함한다. 산출은 책임성의 효율성 관점을 포함하는 산출과 책임성의 질적 관점을 포함하는 산출, 성과는 효과성 관점을 포함한다. 셋째, 척도(measures)와 비율(ratios)은 서비스 성취에 서비스 노력을 관련시킨 것이다. 서비스 단위당 비용, 직원 한 명당 서비스 단위, 근무시간당 서비스 단위 등이 해당된다(김통원, 1999).

〈표 8-4〉 수행측정 항목의 예시

구 분	정 의	사 례
투 입	• 산출을 생산하기 위해 사용된 자원	• 사용된 비용 • 실무자 활동시간
산 출	• 생산된 단위의 양 또는 수 • 업무량과 관련된 지표들로서 행동지향적이고 측정 가능하며, 보통 관리적 통제하에 있음	• 면담한 사람 수 • 배포된 자료집 부수 • 방과 후 프로그램에 참여한 아동 수
효율성	• 산출한 단위당 사용된 투입량	• 클라이언트당 실무자들의 수행시간 • 서비스당 비용
서비스 질	• 클라이언트들이 프로그램에 만족하는 정도 • 정확히, 그리고 적절히 서비스가 제공되었는가의 정도	• 참여자들의 만족도 • 반복되는 실패의 빈도
성 과	• 프로그램과 연관된 질적 결과 • 서비스를 제공하는 궁극적인 '이유'에 초점을 맞춤	• 탈수급자의 비율 • 이직률의 감소 • 1년 이상 직업을 가지고 있는 자활 참여자의 비율

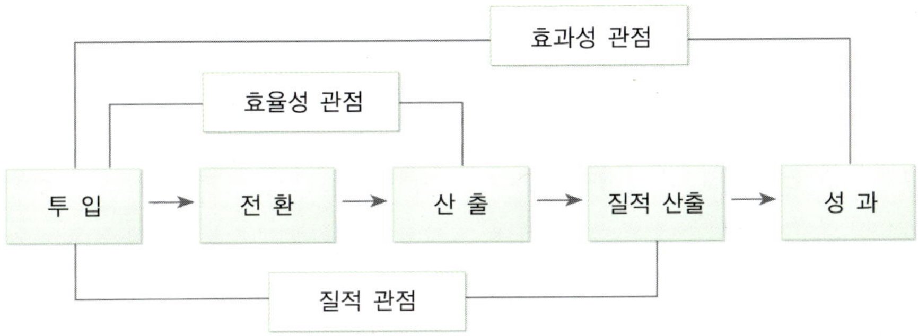

|그림 8-1| 프로그램의 체계모델과 성과평가

3. 산출평가

1) 산출평가는 무엇을 측정하는가?

산출(output)은 사회복지기관이 생산하는 서비스, 프로그램을 이수한 클라이언트 수, 투입된 직원의 수 등을 의미하며, 산출평가를 통해 한 기관에서 생산되는 산출물의 형태와 양에 관한 정보를 획득한다.

사회복지 프로그램에서는 일반적으로 두 가지 형태의 산출물, 즉 중간산출물과 최종산출물을 생산한다. 중간산출물은 최종산출물의 생산에 소비될 생산물과 서비스들이며, 최종산출물은 사회복지 프로그램의 마지막 생산물이다. 따라서 프로그램에서 최종산출물과 최종산출 평가는 클라이언트 중심이고, 중간산출물과 중간산출 평가는 서비스 중심이다.

2) 중간산출물 평가

중간산출물은 최종산출물을 생산하기 위해 서비스 단위(unit of service)로 측정된다. 서비스 단위는 보통 세 가지 방법으로 측정된다.

① 서비스 제공 횟수 혹은 접촉단위

② 물질단위

③ 시간단위(Martin & Kettner, 1996).

〈표 8-5〉 서비스 단위의 세 가지 유형

서비스	서비스 단위
정보와 의뢰	1회 접촉 혹은 1회 의뢰(접촉 횟수)
음식 배달	1회 음식(물질)
상담 서비스	1시간(시간)

출처 : Martin & Kettner(1996). Measuring the Performance of Human Service Programs. SAGE, p. 33.

상담 프로그램이든, 직업훈련 프로그램이든, 무료급식 프로그램이든 제공된 서비스의 양을 측정하는 것은 반드시 필요하며, 서비스 단위별 측정은 서비스의 양에 대한 표준화된 측정이라고 할 수 있다.

서비스의 1회 접촉단위는 직원과 클라이언트의 1회 접촉으로 정의된다. 클라이언트 접촉정보의 기록은 중요시되지만 실제 만남의 시간은 중요하게 간주하지 않는다. 물질단위는 클라이언트에게 제공된 음식, 옷, 현금 등이 포함되며, 다른 방법에 비해 정확성은 떨어진다. 예를 들어, 한 끼의 음식 제공에서 반찬의 수가 아주 다양하고 질적으로 차이가 많을 수 있지만, 한 끼의 음식은 서비스 한 단위로 간주되기 때문이다. 시간단위는 프로그램의 특성에 따라 월, 주, 일, 시간 및 분으로 나타낼 수 있다. 시간을 서비스 단위로 할 경우 시간을 직접적인 클라이언트 접촉 시간으로만 한정할 것인지, 아니면 지원을 위한 활동시간(예 서류작성, 이동시간 등)도 포함시킬 것인가를 명확히 해야 한다(Martin & Kettner, 1996).

참고자료

서비스 단위 결정의 가상 사례

돋섬지역아동센터는 방과 후 아동보호서비스를 제공하기 위해 ○○시 당국과 계약을 체결하였다. 방과 후 서비스의 사업량 보고를 위해 서비스 단위를 결정해야 했다. 적정

> 서비스 단위에 대한 시 당국과 지역아동센터의 의견은 달랐다. ○○시 사회복지과 담당 공무원은 지역아동센터 사업량을 아동들의 이용시간 단위로 보고하기를 요구하였다. 그러나 지역아동센터 운영자는 아동들이 1시간 또는 하루 8시간 동안 이용하는 경우가 있지만, 하루를 서비스 단위로 설정하자는 의견이었다. 서비스 단위를 1시간으로 할 경우 성가시고 직원들이 서류작성에 시간을 낭비하게 된다고 주장하였다. 결과적으로 서비스 단위는 하루로 결정되었고, 하루는 4시간 이상 보호되는 경우로 정의하였다.

노인주간보호 프로그램의 경우 식사제공, 여가활동, 건강증진 프로그램, 여행 등 여러 가지 요소들로 구성되어 있다. 노인주간보호 프로그램의 서비스 단위는 시간단위로 할 수 있다. 예를 들어, 자원봉사자 10명이 한 주에 5번 프로그램에 참여하면, 한 주에 50단위의 중간산출물이 발생된다. 그러나 이것만으로 주간보호 프로그램의 모든 산출물을 제시할 수는 없다. 주간보호 프로그램의 여러 요소들을 확인하고 기록함으로써 한층 포괄적인 산출물을 나타낼 수 있다. 〈표 8-6〉과 같이 중간산출물을 측정하면, 기관 책임성의 목적뿐만 아니라 의사소통의 도구로도 사용될 수 있다.

〈표 8-6〉 노인주간보호 프로그램의 중간산출물 예시

노인주간보호 서비스	360일
서비스 요소	4,500끼
1. 식사제공	20,000시간
2. 여가활동	300검진
3. 건강증진 프로그램	1,500시간(물리치료)
4. 이동요소	5,000운행

3) 최종산출물 평가

최종산출물은 클라이언트가 프로그램을 완료하거나 서비스 전체 과정을 받은 경우로 정의된다. 예를 들어, 알코올 중독을 치료하는 데 3개월간의 단주친

목 모임을 갖기로 한 프로그램에서, 클라이언트가 2~3회의 모임 후 그만두었다면 치료되었다고 보기 어려울 것이다.

최종산출물의 단위, 즉 서비스 완료(service completion)는 두 가지 방법으로 결정할 수 있다. 서비스가 표준화되었는가, 다양한가에 따라 표준화 방법과 사례계획 방법이 있다.

〈표 8-7〉 서비스 완료의 결정방법

방 법	내 용
표준화 방법	• 클라이언트가 치료를 완료하는 데 필요한 최소 한도의 서비스 단위(횟수, 물질, 시간) • 치료를 완료한 클라이언트 수
사례계획 방법	• 개별화된 욕구에 따라 클라이언트가 다양한 서비스 단위를 받아야 하는 경우 • 사례설정을 완료한 클라이언트 수

출처 : Martin & Kettner(1996). Measuring the Performance of Human Service Programs. SAGE, p. 38.

표준화 방법에서 클라이언트는 규정된 최소한의 서비스를 제공받으면 치료가 완료되어야 한다. 여기서 중간산출물은 치료를 완료하기 위한 최소한의 서비스량을 결정하는 데 도움이 된다. 예를 들어, 시간을 단위로 하는 서비스에서 클라이언트가 치료되는 데에는 얼마나 많은 단위가 필요할 것인가? 알코올중독자를 위한 집단상담 프로그램에서 전체 서비스 완료를 받는 데 얼마나 많은 시간이 필요한가?

사례계획 방법은 사례관리 프로그램에 적용할 수 있는데, 클라이언트가 처한 상황에 따라 서비스량이 달라질 수 있다는 것이다. 일반적으로 사회복지 프로그램에서 클라이언트 유형별로 서비스들이 표준화되어 있지는 않다. 예를 들어, 언어장애 아동의 치료를 위해 12개월간의 프로그램이 계획된 경우라도, 장애가 적은 아동의 경우 그보다 적은 기간 동안에 서비스가 완료될 수 있다는 것이다. 또 다른 경우 프로그램을 시작하였지만 서비스 종료는 기대하기 어려운 경우도 있다. 장기요양보호 서비스나 시설보호 프로그램을 예로 보면, 서비스 완료를 기대하기 힘든 상당 기간의 보호상태가 필요할 수 있지만, 결국은 자격요건 재결정이나 보호수준 재조사가 필요한 시기에 이르게 된다. 이 시점을 서비스 완료가 기록되는 구분점으로 처리할 수 있다.

4. 성과평가

1) 성과평가는 무엇을 측정하는가?

성과(outcomes)란 사회복지 프로그램의 수행, 결과, 영향 등으로 나타난 클라이언트 삶의 질적 변화를 의미한다. 성과평가는 네 가지 주요 유형으로 구분된다. 〈표 8-8〉에서와 같이 수치집계, 표준화된 측정, 기능수준 척도, 클라이언트 만족도 등이다.

〈표 8-8〉 성과평가의 네 가지 유형

유 형	내 용
수치집계 (numeric count)	• 삶의 질 변화를 이룬 클라이언트 수 (클라이언트의 환경, 지위, 행동을 평가할 때 사용)
표준화된 측정 (standardized measure)	• 클라이언트 삶의 질 변화를 측정하는 표준화된 사전사후 검사 (클라이언트의 감정, 태도, 인식을 평가할 때 사용)
기능수준 척도 (level of functioning scales)	• 기관에 의해 만들어진(또는 표준화된) 사전사후 검사 • 클라이언트 삶의 질 변화를 측정하는 프로그램 (클라이언트, 클라이언트 가족, 기능을 평가할 때 사용)
클라이언트 만족도 (client satisfaction)	• 삶의 질 변화에 대한 클라이언트의 자기보고(self-report) (클라이언트의 인식을 평가할 때 사용)

출처 : Martin & Kettner(1996). Measuring the Performance of Human Service Programs. SAGE, pp. 52-53.

프로그램을 통한 개입의 효과는 서비스를 받은 후 즉각적으로 나타나는 경우(단기성과)가 있는 반면, 일정 기간 이후에 효과가 나타나는 경우(장기성과)도 있다. 이런 측면에서 클라이언트 만족도는 서비스에 대한 주관적인 인식을 반영하는 것이기 때문에 최종적인 성과평가로는 자주 사용되지 않는다. 클라이언트의 변화를 인지 → 행동 → 기능·지위의 변화라는 위계로 볼 때, 클라이언트 만족도는 실질적인 변화라고 보기도 어려운 것이다.

2) 인과관계

성과평가의 목적 중의 하나는 인과관계를 입증하는 것이다. 인과관계란 사회복지 프로그램이 원인이 되고, 결과는 클라이언트의 삶의 질 변화이다. 이 과정에서 잠정적인 성과평가 내용들을 확인하고, 프로그램이 정의하였던 사회문제, 그리고 그 사회문제에 대한 가정(assumption)들을 명백히 해야 한다.

그러나 현실적으로 어떠한 성과가 프로그램 그 자체만이 원인이라고 명백하게 입증할 수 없는 경우가 많다. 예를 들어, 자활공동체의 직업훈련 프로그램을 수료한 20명의 참여자가 사회적 기업에 신규 고용되었다. 20명의 취업은 성과로 기록된다. 그런데 20명의 참여자가 취업한 그 달에 사회적 기업이 설립되고 50명의 신입사원을 모집하였다. 그렇다면 20명의 취업은 직업훈련 프로그램이 원인인가? 아니면 새로운 사회적 기업이 원인인가?

사회복지 프로그램의 성과평가는 프로그램과 성과 사이의 일대일의 원인과 결과로만 설명되지 않는 경우가 많다. 위의 예에서 20명 취업의 원인은 직업훈련 프로그램과 사회적 기업의 신규 설립 둘 다라고 할 수 있다. 그러나 프로그램만이 성과의 원인은 아닐지라도, 프로그램이 성과의 큰 원인 중의 하나라는 것은 인정해야 한다. 만약 20명의 직업훈련생이 사회적 기업의 규모가 축소되는 시기에 수료하고, 10명이 취업했다면 프로그램의 성과가 낮다고 할 수 있는가? 그렇지는 않을 것이다.

이런 경우에는 오히려 프로그램 그 자체보다는 다른 요인인 사회적 기업의 규모 축소가 성과(취업)에 영향을 주었다. 때문에 사회복지 프로그램은 프로그램 그 자체로 통제할 수 없는 외부요인들에 영향을 받는다는 것을 이해해야 한다.

3) 성과평가의 기준

성과평가의 네 가지 유형, 즉 수치집계, 표준화된 측정, 기능수준척도 그리고 클라이언트 만족도에 대한 사정(assessing)은 다음의 일곱 가지 기준에 기초한다 (Martin & Kettner, 1996).

(1) 유용성(Utility)

성과평가에 의해 생산된 정보가 이해당사자들에게 어느 정도로 유용하고 관련 있는지를 고려하는 것이다. 이해당사자들에게 평가결과의 유용성이 받아들여지지 않는다면 성과평가가 무의미해진다. 따라서 유용성은 성과평가의 기준 중에서 가장 중요하다.

(2) 타당성(Validity)

타당성은 프로그램과 성과평가 간의 인과관계와 관련되어 있으며, 성과평가에서 측정하려고 하는 것을 측정한 정도(extent)를 말한다. 성과평가가 프로그램보다 다른 외생변인에 의한 영향이 적을수록 더 타당한 측정이 될 수 있다.

(3) 신뢰성(Reliability)

성과평가가 계속해서 같은 결과를 나타내는 정도를 말한다. 일반적으로 성과평가가 표준화되면 될수록 신뢰성은 높아진다.

(4) 정확성(Precision)

성과평가가 클라이언트 삶의 질 변화의 증가(양적, 질적)를 포착하는 정도를 말한다. 정확성은 성과평가에서 사용되는 측정수준과 직접 관련되어 있으며, 서열수준의 자료보다는 등간수준의 자료가 보다 정확하다.

(5) 실행가능성(Feasibility)

실행가능성은 성과평가가 실천적(practical)인가의 문제이다. 정치적・행정적 측면, 직원 또는 다른 요인들이 성과평가를 방해할 수도 있다. 예를 들어, 성과평가에 소요되는 시간이 많으면 많을수록 직원들의 시간 때문에 실용성은 줄어든다.

(6) 비용(Cost)

다른 성과평가 유형에 비교하여 특정 성과평가 유형을 시작하거나 유지하는데 따른 비용을 말한다.

(7) 단위비용 보고(Unit Cost Reporting)

하나의 성과자료(outcome data)마다 얼마의 비용이 들어가는가의 문제이다. 성과평가는 서비스 노력들을 만족시키고자 개발되었고, 성취보고(accomplishments reporting)는 성과단위별로 비용을 보고할 수 있어야 한다. 성과평가의 유형 중에 수치집계는 보다 쉽게 비용분석을 할 수 있다.

4) 성과평가 유형별 평가방법

(1) 수치집계

수치집계는 클라이언트의 흐름(flow)과 관련된 인구학적 자료와 정보들을 측정한다. 예를 들어, 직업훈련 프로그램의 결과로 취업을 한 사람의 수, 약물중독자 프로그램의 결과로 약물중독에서 벗어난 사람의 수 등 클라이언트의 흐름과 관련된 명목측정을 하는 것이다.

〈표 8-9〉 성과평가에 사용된 수치집계의 예

1. 정보와 의뢰 ① 중간성과 평가 ② 최종성과 평가	• 도움을 받고 있는 클라이언트 수 • 없음

2. 식사 배달 ① 중간성과 평가 ② 최종성과 평가	• 좋은 영양상태를 유지하고 있는 클라이언트 수 • 가정에서 스스로 식사를 해결하는 클라이언트 수
3. 상담 ① 중간성과 평가 ② 최종성과 평가	• 상태나 행동의 개선이 드러나는 클라이언트 수 • 더 이상 상담이 필요 없는 클라이언트 수

출처 : Martin & Kettner(1996). Measuring the Performance of Human Service Programs. SAGE, p. 63.

수치집계는 사용하기가 쉽고, 보고 및 해석하기가 용이하지만, 다른 성과평가 유형에 비해 정확도와 타당성은 낮다는 단점이 있다.

(2) 표준화된 측정

표준화된 측정은 클라이언트 삶의 질 변화를 평가하기 위해 사용되는 타당하고 신뢰할 수 있는 사전사후 검사들(before-and-after tests)이다. 표준화된 측정은 일반적으로 클라이언트에 관한 정보를 얻기 위해 구조화된 질문들로 구성된다. 또한 점수를 매기기 위한 일정한 절차를 가지며, 일반적으로 수치를 기록하는 것은 크기나 강도, 정도를 평가하는 데 사용된다.

몇몇 표준화된 측정들은 너무 길고, 클라이언트의 심오한 측면들을 평가하지만, 간편사정도구들은(RAI : Rapid Assessment Instruments) 간결하다는 장점을 가진다. 이러한 간결성 때문에 RAI는 사회복지 프로그램에서 가장 많이 사용된다.

사회복지 프로그램에서는 생활만족도 척도, 자아존중감 척도, 대인관계 변화 척도, 사회성 척도, 부모양육태도 척도 등 많은 RAI들이 사용되고 있다. 표준화된 측정의 장점은 측정결과를 토대로 다시 수치집계를 할 수 있다는 것이다. 다시 말해, 표준화된 측정을 통해서 프로그램으로 인해 기능이 향상된 클라이언트의 수를 계산할 수 있게 된다.

(3) 기능수준척도

표준화된 측정이 클라이언트의 삶의 질 변화를 측정하는 데 유용하지만, 클라이언트의 삶의 질 변화에 관한 모든 것을 측정하지는 못한다. 기능수준척도(LOF : Level of Functioning Scales)는 클라이언트 기능의 중요한 측면을 포착하기 위해 사회복지 프로그램에서 흔히 사용되는 사정도구이다.

LOF 척도는 각기 클라이언트 기능의 한 가지 측면과 관련된다. 예를 들어, 하나의 LOF 척도는 청소년의 사회적응을 다루고, 다른 LOF 척도는 알코올 남용, 학교출석 등을 다루게 된다. 그렇기 때문에 LOF 척도는 통상 몇 개를 엮어서 사용하는데, 사회적응, 알코올 남용, 학교출석에 관한 LOF 척도는 청소년의 복합적인 측면을 결합하여 다룰 수 있게 된다. 〈표 8-10〉은 노인들을 위한 식사제공 프로그램에 사용될 수 있는 예이다.

〈표 8-10〉 노인식사제공 프로그램에 사용된 LOF 척도의 예

	가장 적절한 곳에 √표 하세요.				
1. 용 모	1	2	3	4	5
• 수준 1 : 용모에 대해 관심이 없고, 자신의 용모에 대해 알지 못함. 개인위생(의복 포함)에 소홀함 • 수준 3 : 용모에 대해 관심을 표명하고, 어떠한 도움을 요청함 • 수준 5 : 용모에 대한 관심이 높고, 개인위생이 철저함					
2. 식 사	1	2	3	4	5
• 수준 1 : 제공된 식사의 1/3 이하를 먹음 • 수준 3 : 제공된 식사의 1/2 정도를 먹음 • 수준 5 : 지속적으로 제공된 식사의 전체를 먹으며, 더 요구한 때도 있음					
3. 체 중	1	2	3	4	5
• 수준 1 : 노인들의 표준체중이나 몸매를 기준으로 과체중 또는 과소체중 • 수준 3 : 과체중(또는 과소체중)이지만, 건강을 위해 운동을 함 • 수준 5 : 노인들에게 적절한 체중과 몸매를 유지함					

(4) 클라이언트 만족도

클라이언트 만족도는 프로그램에 참가한 클라이언트가 자신의 변화에 대하여 자기보고(self-report)식으로 측정된다. 수적인 결과를 선호하는 이해당사자들 때문에 클라이언트 만족도를 가지고 수적인 계산으로 전환할 수도 있다. 예를 들어, '식사배달서비스를 받은 클라이언트 중 85%가 만족, 상담 프로그램에 참여한 클라이언트 중 57%가 자신의 스트레스 대처에 유용했다고 응답했음' 등으로 보고할 수 있다.

클라이언트 만족도에 의한 평가는 사용하기가 쉽고 간단하지만, 정확성은 매우 떨어진다. 다분히 클라이언트의 주관적인 느낌에 의존하기 때문이다. 동일한 수준의 프로그램에 대해 노인들과 청소년들의 프로그램 만족도가 크게 차이가 나는 것도 바로 이 때문이다.

클라이언트 만족척도(CSQ-8 : Client Satisfaction Questionnaire)

귀하가 다음의 질문에 응답하는 것은 본 프로그램의 향상에 많은 도움이 됩니다. 긍정적이든 부정적이든 귀하의 솔직한 의견을 부탁드립니다. 모든 문항에 응답해 주시기 바라며, 귀하의 평가와 고견을 바랍니다. 대단히 감사합니다.

1. 귀하가 받은 프로그램의 질은 어떠하였습니까?

__ ① 매우 좋았다. __ ② 좋았다.
__ ③ 보통이다. __ ④ 빈약했다.

2. 귀하가 원하는 종류의 프로그램을 어느 정도 받았습니까?

__ ① 완전히 받았다. __ ② 보통 받았다.
__ ③ 조금 받았다. __ ④ 전혀 받지 못했다.

3. 본 프로그램이 귀하의 욕구를 어느 정도 충족시켜 주었습니까?

__ ① 완전히 충족시켰다. __ ② 대부분 충족시켰다.
__ ③ 조금 충족시켰다. __ ④ 전혀 충족시키지 못했다.

4. 다른 사람이 이와 유사한 프로그램이 필요하다면, 귀하는 이 프로그램을 추천하시겠습니까?

__ ① 전혀 추천하지 않겠다. __ ② 추천하지 않겠다.
__ ③ 추천하겠다. __ ④ 적극적으로 추천하겠다.

5. 귀하는 제공받은 서비스에 얼마나 만족하십니까?

__ ① 매우 불만족 __ ② 다소 불만족
__ ③ 만족 __ ④ 매우 만족

6. 귀하가 받은 프로그램은 귀하의 문제를 해결하는 데 얼마나 효과적으로 도움이 되었습니까?

__ ① 매우 도움이 되었다. __ ② 다소 도움이 되었다.
__ ③ 거의 도움이 되지 않았다. __ ④ 오히려 다른 문제가 발생한 것 같다.

7. 전반적으로 상식적인 측면에 귀하가 본 프로그램에 어느 정도 만족하십니까?

__ ① 매우 만족 __ ② 약간 만족
__ ③ 다소 불만족 __ ④ 매우 불만족

8. 귀하가 다시 이러한 프로그램이 필요하다면 이 프로그램에 참여하시겠습니까?

__ ① 전혀 참석하지 않겠다. __ ② 참석하지 않겠다.
__ ③ 참석하겠다. __ ④ 적극적으로 참석하겠다.

※ 기타 프로그램에 대해서 하시고 싶은 말씀이 있다면 간단하게 적어주시기 바랍니다.

____

– 대단히 감사합니다. –

|참고 1| 사업결과보고 자체평가 항목

항 목	점 수		기관의견
① 대상자 선정 및 선정기준은 어느 정도 적절하였습니까?		/10	
② 직원의 자격 및 능력은 본 프로그램을 수행하기에 어느 정도 적절하였습니까?		/10	

③ 사업수행기관의 지원은 어느 정도 적절하였습니까? – 자부담, 공간 · 장비 · 비품 지원/ 기관 차원의 노력 정도		/10	
④ 사업/ 예산과 관련한 안내지침, 절차 등을 준수하여 사업을 운영하였습니까?		/10	
⑤ 본 사업과 관련하여 지역사회 내 관련 단체 및 기관들의 연계가 어느 정도 이루어졌습니까?		/10	
⑥ 외부자원(인적/ 물적 자원) 동원이 활발하게 이루어졌습니까?		/10	
⑦ 참여자들은 본 사업에 적극적으로 참여하였습니까?		/10	
⑧ 계획 대비 목표달성 정도(비율, 서비스량)는 어떠하였습니까?		/10	
⑨ 사업계획 당시에 설정했던 성과를 어느 정도 달성하였습니까?		/10	
⑩ 본 사업은 실인원수의 개인적 상황이나 문제해결에 어느 정도 기여하였습니까?		/10	
계		/100	

출처 : 사회복지공동모금회(2015). 2016 배분사업 안내, p. 63.

5. 그 외 유용한 평가방법들

1) 단일사례연구설계(Single Subject Design)

단일사례연구설계는 단일 대상에 대한 개입의 효과를 평가하는 데 있어서 '과학적으로 받아들여질 수 있는 방법'으로 인정되어 1970년대 이후 사회복지실천 효과를 평가하는 방법으로 널리 적용되고 있다.

단일사례연구설계란 독립변인(개입)과 종속변인(결과) 사이의 인과관계를 설정하기 위하여 통제된 환경하에서 하나 혹은 여러 대상자들에 대해서 개입(치료)하기 전과 후의 변화를 "반복해서" 측정하는 평가방법이다.

단일사례연구는 분석방법이 단순하고, 복잡한 통계학을 사용하지 않기 때문에 실천현장과 학계(practitioner–researcher) 사이의 간격을 메워줄 수 있는 장점이 있다.

(1) 단일사례연구설계의 특성

단일사례연구설계의 목적은 어떤 표적 행동에 대한 개입(서비스 제공)의 효과를 관찰하여 개입 전과 후의 '표적 행동'에 변화가 나타났는지를 평가한다. 도표를 사용하여 시각적인 분석을 하고, 개입 중에 개입의 효과를 판단할 수 있다. 따라서 개입의 효과가 없는 것으로 판단되면, 새로운 개입방법을 사용하거나 수정함으로써 효과적인 개입을 할 수 있다.

단일사례연구설계에서는 안정된 기초선(baseline)이 중요하다. 경향(trend)을 나타내지 않고, 기초선이 안정되어 있을 때가 곧 개입시점이다.

(2) 단일사례연구의 절차

문제확인 및 정의	• 문제상황의 근원, 원인을 파악 • 한두 가지 문제에 초점을 맞추어 구체적으로 문제(행동) 규정
⬇	⬇
개입목표 설정	• 문제(행동)을 완전히 제거할 것인가, 아니면 어느 정도 감소시킬 것인가 • 측정 가능하도록 설정
⬇	⬇
조사설계	• 구체적 설계형태 : AB, ABA, BAB, ABAB, 복수기초선 설계 등 • 기초선 관찰 시기와 횟수 • 개입의 시기와 기간 • 자료수집 방법과 자료출처, 기록방법
⬇	⬇
개입 및 자료수집	• 개입 도중 수집된 자료를 즉시 도표에 표시 • 변화경향을 분석
⬇	⬇
평 가	• 도표에서 나타난 변화의 경향과 수준을 판단 • 개입효과의 유의성을 위해 통계적인 절차 이용

|그림 8-2| 단일사례연구설계의 절차

(3) 개입의 평가

개입활동에 대한 평가는 변화의 파동, 변화의 경향, 변화의 수준 등을 고려한다.

① 변화의 파동(variability)

관찰된 표적 행동의 특성이 시간경과에 따라 파동을 일으키며 변화되는 정도를 말한다. 변화의 파동이 심한 경우에는 관찰의 횟수가 많아야 변화의 일정한 유형을 판단할 수 있다. 따라서 표적 행동의 변화파동이 심한 경우에는 관찰의 횟수를 4회 이상 어떤 안정적인 유형을 파악할 수 있을 때까지 늘리는 것이 바람직하다.

② 변화의 경향(trend)

개입의 효과를 평가하는 데 있어서 기초선의 변화의 경향을 개입기간에 있어서의 변화의 경향과 연결시켜 검토해야 한다. 기초선 기간과 개입기간 동안에 점진적인 증진이나 감퇴가 일어날 수 있다. 이러한 경향이 있는 중에 개입이 이루어졌다면 개입기간 중의 증진이나 감퇴가 개입의 영향인지 불확실해진다.

③ 변화의 수준

변화의 수준은 관찰된 행동 특성의 점수의 위치를 말한다. 기초선에 있어서의 점수의 수준과 개입기간에 있어서의 점수의 수준 사이에 차이가 클수록 개입의 효과에 대한 확신이 높아진다.

(4) 통계적 평가방법

단일사례연구설계에서 평가방법은 표준편차 방법(stewart chart)이 가장 많이 사용된다.

① 평가기준

◉ 개입의 평균점수 > 기초선 평균점수 + 표준편차 2단위
또는 개입의 평균점수 < 기초선 평균점수 − 표준편차 2단위

◉ 개입의 연속적 두 점수 > 기초선 평균점수 + 표준편차 2단위
또는 개입의 연속적 두 점수 < 기초선 평균점수 − 표준편차 2단위

② 계산절차

㉠ 기초선 평균점수 : (17 + 13 + 17 + 13 + 17 + 13 + 15) / 7 = 15

㉡ 기초선 표준편차 : $[(17-15)^2 + (13-15)^2 + (17-15)^2 + (13-15)^2 + (17-15)^2 + (13-15)^2 + (15-15)^2] / (7-1) = 4$

$\sqrt{4} = 2$

㉢ 표준편차 2단위 : 2 × 2 = 4

㉣ 기초선 평균점수 + 표준편차 2단위 = 15 + 4 = 19

기초선 평균점수 − 표준편차 2단위 = 15 − 4 = 11

㉤ 개입의 평균점수 : (11 + 10 + 11 + 10 + 10 + 9 + 9) / 7 = 10

㉥ 판단 : 변화는 $p < .05$ 수준에서 통계적으로 유의함

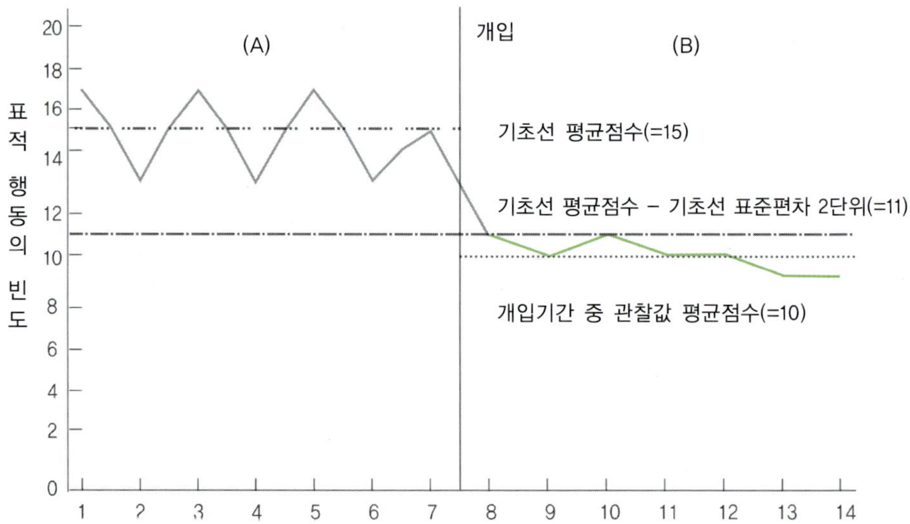

* 개입 전의 국면은 서비스 제공자가 개입활동을 실시하기 전에 표적 행동의 상태를 관찰하는 기간으로 기초선은 일반적으로 'A'로 표시한다. 개입의 국면은 표적 활동에 대한 개입활동과 관찰이 병행되어야 하며, 관찰을 3회 정도 한다. 개입국면은 'B'로 표시한다.

2) BSC

BSC(Balanced Score Card)는 여러 개의 평가지표들을 균형 있게, 그리고 가중치에 따라 양화(量化)시키고, 집합(集合)하는 새로운 측정체계이다. BSC는 조직에서 기존의 재무적 관점 일변도에서 벗어나 고객 관점, 내부 프로세스 관점, 학습과 성장 관점을 포함하여 종합적으로 측정・평가하는 기법이다(Kaplan & Norton, 1998; 2004).

BSC 진행방법은 우선 프로그램의 핵심 프로세스가 무엇인지 규명하는 것이다. 둘째, 이 프로세스를 성공시키는 성공요인들(critical success factors)을 규명하고, 셋째, 이러한 성공요인들을 반영하는 핵심 수행측정항목들(key performance indicators)을 도출한다. 마지막으로 측정항목별로 측정치에 대한 표준점수와 비교하며 균형 있게 목표 매트릭스(objectives matrix)를 완성한다(김통원, 1999).

매우 간단한 이러한 계산과정을 통해 핵심 수행항목들 간의 상호 관계와 그 가치의 정도를 알 수 있게 된다. 프로그램에 대한 종합적인 점수가 집계 가능하여 프로그램의 성과를 명확하게 평가할 수 있다.

BSC에서 목표 매트릭스를 만드는 과정을 2단계로 거치게 된다(김통원, 1999; 2002).

▣ 1단계

① 측정항목별로 목표수치를 〈score〉 10 혹은 8에 둔다.

② 지난 3년간의 평균치를 기초선(baseline)으로 〈score〉 3에 둔다.

③ 지난 경험에 의해서 퇴출(drop-out)수치를 〈score〉 0에 둔다.

④ 앞에 설정된 기준을 두고, 〈score 0–2, 4–9〉에 대해서 적절하게 배분을 한다.

▣ 2단계

① 측정 항목별로 현재의 성과 수치를 측정한다〈current〉.

② 0~10 사이의 표준점수로 만든다〈score〉.

③ 각 성과(outcomes)별로 가중치를 정한다〈weight〉.

(가중치는 항목당 10~35% 정도로 전문가 집단에 의해서 정한다)

④ 〈score〉 × 〈weight〉 = 〈value〉. 측정항목별로 개별값(value)을 계산한다.

⑤ 측정항목별 〈value〉를 합하여 프로그램 성과의 총점인 〈index〉 점수를 계산한다.

측정항목 A	측정항목 B	측정항목 C	측정항목 D	측정항목 E	
89	11.5	27.9	80	83.0	현재 결과치(current)

A	B	C	D	E	score
95.0	6.0	20.0	95	100.0	10
94.0	6.7	21.0	94	97.0	9
93.0	7.4	22.0	92	94.0	8
91.5	8.2	23.0	90	91.0	7
90.0	9.0	24.0	88	88.0	6
88.5	10.0	25.0	86	85.0	5
87.0	11.0	26.0	84	81.0	4
85.0	12.0	27.3	82	76.3	3
83.0	13.0	28.6	80	71.0	2
80.0	15.0	30.0	78	65.6	1
75.0	18.0	32.0	75	60.0	0

A	B	C	D	E		
5.3	3.5	2.5	2.0	4.5	표준점수(score)	총점수 (index) 368
25	25	25	10	15	가중치(weight)	
132	87	62	20	67	항목점수(value)	

측정항목 A(예 취업률)에서 현재 결과치(current)는 89%인데, 올해 최대 목표는 95.0% 이상이고, 최악의 경우는 75.0% 이하이다. 그리고 지난 몇 년간 경험에 의하면 평균 취업률 85.0%를 기초선(baseline)으로 설정한다.

현재 점수 89%는 0~10 사이에서 약 5.3 정도의 score를 나타낸다. 그리고 가중치는 25%를 주었으므로, 이 둘을 곱하면 약 132점이 된다. 다른 측정항목들도 모두 이와 같은 방식으로 계산하여, 전체 프로그램의 총 성과점수(index)를 산출한다. 총점 368점(index)은 baseline에 의한 총점수 300점보다 높으므로 이 프로그램은 예년에 비해서 그 성과가 높아졌다고 평가할 수 있다.

|참고 2| 표준 심사기준

<table>
<tr><th colspan="3">구 분</th><th>주요 내용</th></tr>
<tr><td rowspan="8">심 사</td><td rowspan="2">기관
평가</td><td>신뢰성</td><td>- 해당 기관/ 시설의 주요 사업 및 활동
- 모금회 및 타 재단 사업수행 경험 및 결과
- 조직 및 직원체계/ 이사회 및 운영위원회 구성</td></tr>
<tr><td>사업수행
능력</td><td>- 유사/ 동일사업 수행경험
- 투입인력(사업담당자 및 슈퍼바이저) 구성
- 신청한 사업내용의 수행을 위한 조직, 인력, 예산 투입 정도</td></tr>
<tr><td rowspan="4">사업
평가</td><td>적합성</td><td>- 문제해결을 위한 목적 및 성과목표의 부합성
- 목적 및 목표 달성을 위한 프로그램 구성의 적합성
- 대상자 및 대상자 선정기준의 타당성</td></tr>
<tr><td>실현
가능성</td><td>- 목적 및 성과목표의 실현가능성
- 목적 달성을 위한 세부사업 내용 및 평가계획의 실현가능성
- 성과목표 측정을 위한 제시한 지표의 타당성</td></tr>
<tr><td>투입요소
적절성</td><td>- 지역자원, 담당인력, 투입시간, 장비 등의 투입요소의 적절성
- 사업수행을 위한 인력/ 장비/ 시설 등의 타당성</td></tr>
<tr><td>투입비용</td><td>- 사업비 및 인건비 구성과 투입비용 수준의 적절성
- 예산항목 각 요소의 구체성</td></tr>
<tr><td rowspan="2">기타
평가</td><td>홍보노력
지역자원 활용</td><td>- 홍보계획의 적절성 및 실현가능성
- 사업성과물의 지역사회 홍보를 위한 매체활용 방안</td></tr>
<tr><td>자구계획</td><td>- 자구계획 등 향후 운영계획의 합리성, 타당성</td></tr>
</table>

출처 : 사회복지공동모금회(2015). 2016 배분사업 안내, p. 42.

|참고 3| 사회복지공동모금회 사업결과보고서 작성예시

Ⅰ. 사업운영 실적

1. 투입 측면

1) 실인원 수 및 선정기준

구 분	계 획	결 과	달성률(%)/ 변동 시 사유
실인원 수	20명	22명	110%
선정 기준	1. ☆동 저소득층 아동 중 저녁 10시까지 보호자가 집에 없는 아동 2. 프로그램 참여의사 확인 및 보호자 동의	1. ☆동 저소득층 아동 중 저녁 10시까지 보호자가 집에 없는 아동 2. 프로그램 참여의사 확인 및 보호자 동의를 구한 아동	당초 저연령순으로 선발할 계획이었으나, 실질적인 서비스 가능지역을 함께 고려하여 대상자를 선발하였음

작성 방법	※ 계획 : 사업계획서에 제시한 실인원 수와 선정기준을 기입 ※ 결과 : 실제 프로그램에 참여한 평균인원과 실제 실인원 수 선정기준을 기입 ※ 달성률 : (결과/ 계획) × 100으로 산출하여 기입

2) 인 력

구 분	성 명	담당 업무	투입시간 (주 단위)	주요 경력(본 사업 관련)
계 획	김희망	프로그램 주 담당	12시간	☆☆종합복지관 1년/ 아동복지담당 열매종합사회복지관 2년 1개월
	이사랑	프로그램 부 담당	8시간	◇◇어린이집 2년/ 교사 열매종합사회복지관 1년
	박복지	슈퍼바이저	3시간	○○아동보호전문기관 1년/ 상담원 △△복지관 2년/ 가족복지담당 열매종합사회복지관 4년
결 과	이사랑	프로그램 주 담당	12시간	◇◇어린이집 2년/ 교사 열매종합사회복지관 1년
	최열매	프로그램 부 담당	10시간	□□복지관 1년
	박복지	수퍼바이저	1시간	○○아동보호전문기관 1년/ 상담원 △△복지관 2년/ 가족복지담당 열매종합사회복지관 4년

2. 과정 측면

1) 지역사회 기관들과의 연계, 인적 · 물적 자원 동원 현황

순 번	연계기관/ 단체명	연계/ 활용내용	계 획	실 적	비 고
1	◎◎사회복지관	야간보호가 필요한 아동사례 연계	4case	3case	
2	□□가정폭력 상담소				
3	D자원봉사센터	프로그램 대상 아동 귀가서비스 자원봉사자 연계(☆동 자율방범대)	4명	4명	
4	○○대학교 사회복지학과	기초학습 지도 자원봉사자 연계	4명	6명	
5	○○랜드	자유이용권 제공(가족나들이 프로그램 진행 시 사용 예정)	–	24장	

작성 방법	※ 본 사업과 관련하여 연계한 기관, 단체명과 연계내용, 실적, 인적 · 물적 자원의 목록과 활용내용을 기입

2) 사업 및 예산변경 내역

구 분	항 목	신청일자 (문서번호)	변경내용	변경금액	승인일자 (문서번호)
기관 내부 변경내역	예산 변경	2016. 2. 28. (열매13-7호)	강사비 일부를 프로그램 재료비에 투입	200,000원	2016. 3. 2. (열매13-7호)
모금회 변경승인 요청내역	사업/ 예산 변경	2016. 3. 20. (열매13-13호)	가족관계 프로그램비의 일부를 기초학습지도 프로그램에 투입	350,000원	2016. 3. 27. (배분13-72호)
	사업 변경	2016. 4. 12. (열매13-21호)	가족관계 프로그램 횟수 감소. 프로그램 중 가족캠프 신설, 진행	없음	2016. 4. 15. (배분13-98호)
합 계				550,000원	

작성 방법	※ 본 프로그램과 관련하여 발생한 사업 및 예산변경 내역을 기입 - 기관 내부 변경내역 : 내부결재로 변경하고, 모금회에 사후보고 하는 건 [통상 30만 원 이하의 세목 간 전용의 경우, 기관 내부결재로 가능] - 모금회 변경 승인요청 내역 : 모금회에 사업/ 예산변경의 승인을 요청한 건 ※ "항목"은 사업변경, 예산변경, 사업/ 예산변경으로 표기

3) 사업일정별 수행현황

기 간 내 용	계 획 결 과	2014년 12월	2015년 1월	2 월	3 월	4 월	5 월	6 월	7 월	8 월	9 월	10 월	11 월	12 월
사업 세부 계획 수립	계 획	○												
	결 과	●												
대상자 선정/ 보호자 동의	계 획		○											
	결 과		●											
야간 아동보호	계 획		○	○	○	○	○	○	○	○	○	○	○	○
	결 과		●	●	●	●	●	●	●	●	●	●	●	●
가족관계 개선 프로그램	계 획		○	○	○	○	○	○	○	-	○	○	○	○
	결 과			●	●	●	●	●	●	-	●	●	●	●
기초학습 지원/ 숙제지도	계 획		○	○	○	○	○	○	○	○	○	○	○	○
	결 과			●	●	●	●	●	●	●	●	●	●	●

작성 방법	※ 최종사업계획에 의한 사업 내용을 기입하고, 그에 따른 계획과 결과를 기입함 ※ 계획 : 사업계획서에 제시한 해당 사업의 일정을 표시 결과 : 실제 수행하였는지의 여부를 표시

4) 중간평가 지적사항 반영 현황

순 번	지적사항	반영 여부		결 과
		반 영	미반영	
1	교재구입 비교견적 부재	√		타 업체로부터 비교견적 수령하여 첨부
2	이자수입 수입결의서 부재	√		해당 수입결의서 작성, 첨부
3	간이영수증 한도 초과 (2016. 5. 3., 1건/ 43,000원)	√		세금계산서 · 카드매출전표 처리 불가능 업체로 간이과세자 증명 및 사유서 첨부
4	강사비 원천징수 부재 (2016. 2월 강의/ 300,000원)	√		세무서 신고 및 납부

작성 방법	※ 지적사항 : 중간현장 방문 시 지적되었던 주요 지적사항을 기입 ※ 반영 여부 : 해당 사항에 대해 반영/ 미반영으로 '√' 체크 ※ 결과 : 지적사항에 대한 이행결과를 기입

5) 홍보노력

대 상	홍보계획	결 과	활용매체
지역사회 주민	- 리플릿 등의 홍보물 제작 - 12개 동 반상회 참석 및 사업 소개 - 사업설명회 1회 실시 - 케이블 TV 연계 사례 소개	- 홍보물 제작(포스터) - 12개 동 반상회 참석 및 사업 소개 - 사업설명회 2회 실시 - 케이블 TV 사례 소개(2회)	포스터, 케이블 TV 지역 신문
타 복지기관	- 홈페이지 게시판, 이메일 사업 소개	좌동	인터넷
지방자치 단체	- 주민생활지원센터 생활지원과 분기별 방문 - 리플릿 수시 제공	- 주민생활지원센터 생활지원과 방문(2회) - 포스터 부착	포스터

Ⅱ. 프로그램 산출, 성과 측면

1. 산출 측면

1) 단위사업 목표별 수행실적

세부목표	보호아동의 야간안전사고 전년 대비 50% 감소													
프로그램명	야간아동보호													
항 목	계획 및 실적												소 계	
	1월		2월		3월		4월		5월		6월			
	계획	실적	계획	실적	계획	실적	계획	실적	계획	실적	계획	실적	계획	실적
시행횟수 및 시간(h)	20회 80h	20회 82h	20회 80h	19회 76h	20회 80h	19회 76h	20회 80h	20회 80h	20회 80h	20회 80h	20회 80h	20회 80h	120회 480h	118회 474h
참여인원	20명	19명	20명	21명	20명	24명	20명	22명	20명	24명	20명	22명	120명 (20명)	132명 (22명)
시 기	매일	매일	매일	매일	매일	매일	매일	매일	매일	매일	매일	매일	–	–
집행금액	400,000	400,000	400,000	400,000	400,000	400,000	400,000	400,000	400,000	400,000	400,000	400,000	2,400,000	2,400,000
항 목	계획 및 실적												누 계	
	7월		8월		9월		10월		11월		12월			
	계획	실적	계획	실적	계획	실적	계획	실적	계획	실적	계획	실적	계획	실적
시행횟수 및 시간(h)	20회 80h	20회 82h	20회 80h	19회 76h	20회 80h	19회 76h	20회 80h	20회 80h	20회 80h	20회 80h	20회 80h	20회 80h	240회 960h	136회 948h
참여인원	20명	19명	20명	21명	20명	24명	20명	22명	20명	24명	20명	22명	240명 (20명)	264명 (22명)
시 기	매일	매일	매일	매일	매일	매일	매일	매일	매일	매일	매일	매일	–	–
집행금액	400,000	400,000	400,000	380,000	400,000	360,000	400,000	400,000	400,000	400,000	400,000	400,000	4,800,000	4,740,000
수행방법 및 내용	방과 후 교실 18:00~22:00까지 운영. 방임되어 있는 아이들을 안전하게 보호함													
계획대비 차이와 원인	센터를 이용하는 아동 수 증가로 평균이용 인원 22명으로 증가함 2~3월은 나들이 프로그램 진행으로, 8~9월은 방학 및 연휴로 횟수 1회씩 감소함													
성과 및 개선사항	본 프로그램으로 센터의 아동 약 20명이 부모들이 귀가시간 전까지 센터에서 안전하게 보호를 받을 수 있어 야간 안전사고율이 감소함													

세부목표	시행 전후 대비 프로그램 참가자 가족관계 개선 정도 2점 이상 상승													
프로그램명	가족관계 개선 프로그램													
항 목	계획 및 실적												소 계	
	1월		2월		3월		4월		5월		6월			
	계획	실적	계획	실적	계획	실적	계획	실적	계획	실적	계획	실적	계획	실적
시행횟수 및 시간(h)	1회 4h	–	1회 4h	1회 5h	1회 4h	1회 3h	1회 4h	1회 5h	1회 4h	1회 6h	1회 4h	1회 4h	6회 24h	5회 23h
참여인원	20명	–	20명	18명	20명	18명	20명	20명	20명	20명	20명	18명	120명 (20명)	94명 (18.8명)
시 기	4주차		4주차	2.28.	4주차	3.27.	4주차	4.17.	4주차	5.5.	4주차	6.6.	–	–
집행금액	400,000	–	400,000	380,000	400,000	380,000	400,000	400,000	400,000	390,000	400,000	380,000	2,400,000	1,930,000
항 목	계획 및 실적												누 계	
	7월		8월		9월		10월		11월		12월			
	계획	실적	계획	실적	계획	실적	계획	실적	계획	실적	계획	실적	계획	실적
시행횟수 및 시간(h)	1회 4h	1회 8h	–	–	1회 4h	1회 4h	1회 4h	1회 4h	1회 4h	1회 4h	1회 4h	1회 4h	5회 24h	5회 24h
참여인원	20명	24명	–	–	20명	18명	20명	20명	20명	22명	20명	22명	100명 (20명)	106명 (21.2명)
시 기	4주차	7.24	–	–	4주차	9.28.	4주차	10.29.	4주차	11.25.	4주차	12.24.	–	–
집행금액	800,000	800,000	–	–	310,000	310,000	310,000	330,000	310,000	370,000	320,000	392,000	4,450,000	4,132,000
수행방법 및 내용	월 1회 가족관계 개선 프로그램 진행으로 가족 나들이, 체육대회, 음식 만들기, 가족 캠프 등의 가족관계 개선 프로그램 진행													
계획대비 차이와 원인	프로그램 구성이 지연되어 1월 가족관계 프로그램이 시행되지 못함 연 12회로 예정되었던 가족관계 개선 프로그램의 횟수를 연 10회로 축소하고 1회를 캠프로 진행(7월)하였음													
성과 및 개선사항	사전-중간-사후 검사를 통해 확인한 결과, 월 1회의 정기적인 모임으로 인해 부모와 자녀 간의 평균 대화시간이 약 21분 증가하였으며, 관계척도 점수도 중간보고 당시 1.2점에서 2.1점 상승으로 나타났음. 또한 부모들이 센터에 전화를 하는 횟수가 증가하는 등의 긍정적인 변화도 나타남													

작성 방법	※ 계획 : 사업계획서에 제시한 해당 프로그램의 시행횟수 및 시간(h), 참여인원, 시기, 집행금액을 월별로 기입 실적 : 해당 프로그램의 실제 수행내역 및 집행금액을 기입 ※ 소계 : 시행횟수 및 시간/ 집행금액은 합계 기입, 참여인원은 합산인원과 평균인원(괄호)을 기입 ※ 수행방법 및 내용 : 실제 사업수행 방법 및 내용을 기입 ※ 계획대비 차이와 원인 : 실적 및 사업내용이 사업계획서에 제시한 내용과 차이가 있을 경우 그 사유와 원인을 기입 ※ 성과 및 개선사항 : 객관적 사실 혹은 관찰에 근거한 해당 프로그램의 성과와 개선사항을 기입

2) 예산집행 비율 : 계획 대비 실제 사업집행 비율

구 분	최종 예산액(A)	실제 예산 집행액(B)	집행비 (%)	주요 잔액 발생사유
지원금 (이자수입 포함)	13,110,000	12,596,000	96.1	기초학습 지도 프로그램 교재비 및 봉사자 식비 절감, 가족관계 개선 프로그램 횟수 감소 및 캠프비용 일부 절감으로 잔액 발생
자부담	2,900,000	2,880,000	99.3	
합 계	16,010,000	15,476,000	96.7	

작성 방법	※ 집행비(%) = (실제 예산액 ÷ 최종예산액) × 100 ※ 주요 잔액 발생사유를 구체적으로 기입(잔액 30만 원 이상인 세목중심으로 기재)

3) 참여자(서비스 대상자) 만족도 조사 실시 여부 및 내용

실시 여부	예 (√) 아니오 ( )
조사대상	프로그램 대상 아동 및 부모 각 20명
방 법	대상 아동 20명, 아동 부모 20명을 대상으로 본 프로그램 정보의 습득경로, 서비스 만족도, 담당교사의 성실성, 프로그램의 유용성 등에 대한 설문조사 15문항을 구성하여 조사(조사기간 : 2016. 12. 1.~14.)
결 과	100점 기준 아동 82점(보통), 부모 91점(만족)으로 나타남
반영 여부	반영 ( ) 미반영 (√)

작성 방법	※ 실시 여부 체크 후, 조사방법(조사대상, 조사방법 및 내용), 조사결과 및 반영 여부 기재

2. 성과 측면

1) 목표에 따른 평가결과

(성과)목표	목표에 대한 평가방법 (성과지표 및 평가도구)		평가결과
보호아동의 야간안전 사고율 감소	성과지표	프로그램 개입 후 야간 안전사고 발생 건수/ 비율	• 매월 초 전월 프로그램 대상 동의 야간안전사고율 조사, 보호아동의 야간안전 사고율 전년 대비 40% 감소 – 2015년 : 20건 – 2016년 : 12건
	자료원	복지관 자체조사	
	자료수집 방법	아동상태 관찰 보호자 수시연락	
	자료수집 시기	매월 초	
보호아동의 가족 유대감 증대	성과지표	• 프로그램 개입 후 가족들의 놀이모임 수 증가량 • 프로그램 개입 후 보호자/ 자녀관계척도 점수의 유의미한 차이 정도 • 프로그램 개입 후 부모님과의 1주 평균 대화시간의 변화량	• 프로그램 개입 후 놀이모임이 평균 1회 증가 – 개입 전 : 0.3회 – 개입 후 : 1.4회 • 프로그램 개입 후 보호자/ 자녀관계척도 점수 2점 증가 – 개입 전 : 2.3 – 개입 후 : 4.3 • 아동과 부모의 대화시간 평균 16분 증가 (1일 평균 10분 → 26분)
	자료원	복지관 자체조사	
	자료수집 방법	조사지 작성, 수집	
	자료수집 시기	프로그램 사전사후 조사 (1월, 12월)	

2) 사업의 지속가능성

- 1년 동안 본 사업을 진행해 온 결과, 야간보호의 필요성이 지역사회 내에 알려지게 되었고, 본 복지관의 프로그램도 지역 신문을 통해 알려져 야간보호에 대한 신청문의가 증가하고 있어, 사업 종료 이후에도 자부담으로 일부 프로그램을 지속할 예정이며 모금회 및 타 재단에 지속사업에 대한 제안서를 제출하였다.
- ○○구에서도 본 기관의 사업성과에 관심을 보이고 있으며, 지원 필요성에도 공감하고 있어 차년도에는 본 기관을 포함한 일부 기관이 야간보호 프로그램으로 구 지원을 받을 수 있을 것으로 기대된다.

작성 방법	※ 향후 계획 및 연계(지방자치단체, 지역 기관, 타 사업 등 자구방안 포함) 가능성 제시

3) 영향력 및 기여도(실인원 수의 개인적 상황, 지역사회에 대한 기여)

- 사업계획서를 통해 제시하였듯 ○○구의 경우 부모가 밤 늦게까지 일하는 가정이 많아 방임되는 아동이 많았으며, 이러한 아동들에 대한 야간보호가 꼭 필요한 상황이었다.
- 본 프로그램을 통해 아동이 부모가 귀가하는 밤 10시까지 또래 친구들과 복지관에서 안전하게 보호를 받고, 학교생활에 필요한 숙제나 학습 지도도 함께 하게 됨으로써 부모들은 안정적으로 생업에 종사할 수 있게 되었으며, 아동들의 학습능력과 생활태도도 초기보다 향상되는 결과를 가져왔다.
- 또한 자율방범대를 활용한 야간귀가 지원, 대학생 자원봉사자를 활용한 학습지도 등으로 지역사회의 다양한 자원을 활용하여 프로그램을 진행함으로써 지역사회에 본 사업의 필요성과 효과성을 알리는 데에 기여하였다.

작성 방법	※ 본 프로그램이 실인원 수의 개인적 상황이나 지역사회의 변화에 기여한 부분에 대해 객관적 자료를 근거로 기술

3. 사업목표에 부합하는 변화 사례

- 본 기관의 야간보호 프로그램에 참여하였던 김○○ 아동은 9세로, 운수업을 하는 아버지와 함께 살고 있다. 지방 출장이 많은 직업인 탓에 아버지는 귀가시간이 늦거나 들어오지 못하는 날이 많은 편이었다. 아버지가 들어오지 못하는 날이면 ○○이는 지역아동센터에 있다가 아버지가 부탁한 인근의 친구집에서 함께 자는 날이 많았다. 부모의 보살핌을 받지 못하다 보니 언어습득도 늦은 편이었고, 위생상태도 좋지 않았으며, 숙제나 준비물도 챙길 수 없는 경우가 많아 공부에 별 관심이 없었다.
- ○○이는 본 사업에 참여하게 되면서 또래의 친구들과 함께 10시까지 지역아동센터에 있는 것들을 즐거워하게 되었고, 기초학습지도 프로그램을 통해 학교 숙제를 빠짐없이 해나가면서 공부에 흥미를 가지게 되었다. 처음에는 유치원 수준의 동화책을 읽는 것으로 시작했는데, 이제는 초등학교 2~3학년 수준의 동화책을 무리 없이 읽을 수 있다. 또한 가족관계 프로그램을 통해 아버지와 요리하기, 영화보기 등에 참여함으로써 바쁜 아버지를 조금이나마 이해하게 되었고, 아버지 또한 아이에게 관심과 사랑을 쏟는 법을 알게 되었다며 본 기관에 고마움을 표시하였다.

다시 시작해!

1. 평가에서 가장 이상적인 형태는 참여평가라고 볼 수 있다. 그렇다면 실제 현장에서는 참여평가가 원활하게 이루어지고 있는지 살펴보자.
2. 평가방법은 문제 및 프로그램의 성격에 따라 다양하게 선택할 수 있다. 내가 생각하는 문제와 프로그램이 있다면 여기에 적절한 평가방법은 무엇인지 고민해 보자.
3. 평가는 객관적이고 공정하게 이루어져야 한다는 것은 당연한 일일것이다. 그러나 향후 프로그램 수혜를 위해 인위적인 평가결과를 측정하는 경우가 있다. 이러한 상황들은 조심해야 한다는 것을 명심하자.

PART 3

프로그램 개요 및 사례

Chapter 09 개요, 기관의 능력

1. 사업개요

사업개요는 프로포절 전체를 개관하는 부분이다. 개요는 프로포절을 단순히 소개하는 것이라기보다는 프로포절 전체를 함축적으로 요약한 것이다. 따라서 개요는 프로포절의 다른 부분을 모두 쓰고 난 뒤에 작성한다.

1) 사업개요 작성요령

- 별도의 지침이 없더라도 개요는 한 쪽을 넘지 않도록 한다. 개요는 심사자가 프로포절의 내용을 파악하기 위해 처음으로 보는 부분이다.

- 사업명 : 사업명은 프로그램의 목표, 실행방법, 대상자, 서비스 제공지역 등을 조합하여 작성한다. 예를 들어, '기쁜 우리 둥지'와 같이 사업명을 정하는 것은 심사자가 조류보호 프로그램으로 인식할 수 있다. 굳이 이러한 것을 나타내고자 한다면 부제를 달 수 있다. 사업명은 그 프로그램의 얼굴이다. 사업명만 보고도 프로그램의 내용을 얼추 짐작할 수 있도록 한다.

- 실인원 : 프로그램에 참여하는 실제의 클라이언트 수로, 연인원이 아닌 순수 인원을 의미한다. 무료급식, 일회적 행사 등 서비스의 대상자가 불규칙하거나 불특정 다수인 경우는 1일 평균 이용자를 실인원으로 계산한다.

- 주요 서비스 : 신청한 사업이 포함하고 있는 기관의 주요 서비스를 세 가지 정도만 간략하게 기재한다.

- 예산 : 예산은 총사업비와 신청금액 및 자부담액으로 구분하여 기재한다. 총사업비는 사업을 수행하기 위해 필요한 전체 금액이며, 신청금액은 총사업비 중 지원 신청하는 금액, 자부담은 총사업비 중 기관에서 부담할 금액이다. 총사업비는 신청금액과 자부담액을 합한 금액이다.

- 서비스 단가 : 클라이언트 한 명당 소요되는 사업비의 수준을 가늠하기 위한 것으로 「서비스 단가 = 총사업비 ÷ 실인원」으로 계산한다.

2) 사업개요 작성예시(사회복지공동모금회, 2015)

<table>
<tr><th colspan="7">사업개요</th></tr>
<tr><td>1) 기관명
(신청기관명)</td><td colspan="6">열매종합사회복지관</td></tr>
<tr><td>2) 사업명</td><td colspan="6">저소득층 방임아동의 보호 · 학습 지원을 위한 야간보호사업</td></tr>
<tr><td>3) 사업기간</td><td colspan="4">2016. 1. 1.~2016. 12. 31.(1년)</td><td>서비스
지역</td><td>서울 마포구</td></tr>
<tr><td>4) 서비스 대상</td><td colspan="4">저녁 10시까지 보호자가 가정에 없는 아동</td><td>실인원 수</td><td>20명</td></tr>
<tr><td>5) 서비스
단가</td><td colspan="4">800,000원
(산출식 = 총사업비 ÷ 실인원 수)</td><td>투입인력</td><td>2명</td></tr>
<tr><td>6) 사업목적</td><td colspan="6">1. 저소득층 야간방임아동의 안전 증대 및 정상적인 성장 지원
2. 저소득층 야간방임아동 가정의 가족관계 강화를 통한 가족유대감 증대</td></tr>
<tr><td>7) 성과목표</td><td colspan="6">① 보호아동의 야간안전 사고율 감소
② 평균 신체발달지수 향상
③ 기초학습능력 향상
④ 보호아동의 가족유대감 증대</td></tr>
<tr><td rowspan="4">8) 주요 사업
내용 요약
(프로그램명 및
주요 시행내용)

※성과목표별
주요한
프로그램
1개씩 기재</td><td>세부
프로그램명</td><td colspan="5">주요 내용</td></tr>
<tr><td>야간아동 보호
및 안전귀가
동행서비스</td><td colspan="5">복지관 방과 후 교실 운영, 아동보호자 귀가 시간에 따라 귀가일정 조정, 보호자가 동행귀가를 하지 못하는 경우 복지관 차량을 통한 귀가 서비스 제공</td></tr>
<tr><td>기초학습지도</td><td colspan="5">자체 자원봉사대학생을 활용한 기초학습(국어, 영어, 수학) 지도, 자체 자원봉사대학생을 활용한 숙제지도, 매일 숙제 알림장 점검</td></tr>
<tr><td>가족관계 개선
프로그램</td><td colspan="5">가족관계 개선 프로그램 시행(가족 음식 만들기, 가족 나들이, 가족 체육대회, 영화보기 등)</td></tr>
<tr><td>9) 예 산</td><td>총사업비</td><td>16,000,000원</td><td colspan="2">신청금액</td><td colspan="2">13,100,000원</td></tr>
<tr><td rowspan="2">10) 신청금액의
세부내역</td><td rowspan="2">인건비</td><td>4,800,000원</td><td rowspan="2">사업비</td><td>7,400,000원</td><td rowspan="2">관리운영비</td><td>900,000원</td></tr>
<tr><td>36.6%</td><td>56.5%</td><td>6.9%</td></tr>
</table>

2. 기관의 능력

기관 현황은 기관의 설립목적 및 주요 연혁, 조직 및 직원체계, 주요 사업내용, 연간 예산, 외부지원금 현황, 사업수행 경험, 이사회 및 운영위원회 명단 등으로 구성하여 작성한다. 기관 현황을 진술하는 목적은 조직이 프로그램을 성공적으로 수행할 수 있는 역량을 갖추고 있다는 것을 보여주기 위함이다. 특히 활용할 수 있는 자원(조직적, 사회적), 해당 문제를 다룰 자격(조직구성원과 재정력)을 갖추고 있다는 신뢰감을 주기 위한 것이다.

따라서 기관 현황을 진술할 때에는 다음 두 가지 내용을 담는다.

① 기관의 특성과 실적을 일목요연하게 작성한다.

② 기관의 특성과 실적이 제안된 프로그램을 수행할 충분한 능력을 갖추고 있음을 보여준다.

> **Tip**
>
> 기관 현황 부분은 수행하고자 하는 프로그램에 대한 조직의 역량을 인적 · 물적 자원 및 사업수행능력(전문성) 차원에서 보여주는 것이다.
>
> 자부담이 전혀 없거나 기관의 연간 총예산을 넘어서는 규모의 프로그램을 신청하는 경우, 그 기관의 역량을 벗어나는 것이라고 볼 수 있다.
>
> 동일한 내용의 프로그램을 3년간만 지원하는 이유도 여기에 있다. 최대한 3년 후에는 기관의 고유사업으로, 즉 외부지원 없이도 자체사업을 수행할 수 있어야 한다는 것이다.

보통 기관의 특성과 실적은 제대로 기술하지만 이것과 제안된 프로그램과 연결시켜 설득력 있는 논의를 펼치지 못하는 경우가 많다.

기관의 역량을 제안된 프로그램과 연결시켜 진술하고자 할 때 다음의 내용을 서술한다.

1) 기관의 사명과 설립목적

기관의 주요 사명과 전반적인 운영철학 및 설립목적을 간략히 서술한다.

2) 기관의 주요 연혁

기관의 실립일, 기관규모의 변화와 사업내용이 어떻게 변화되어 왔는지를 제안된 프로그램과 관련된 것 중심으로 간략히 개관한다.

"제3대 원장 박 아무개 취임"과 같은 내용은 오히려 복잡해지고, 심사자들을 혼란스럽게 만든다.

3) 조직 및 직원체계

조직구성은 각 직위별·부서별 구성형태를 조직기구표로 작성하여 제시하고, 직원 현황은 직위, 인원 현황을 중심으로 작성한다. 직원 현황의 경우 상근자의 수를 반드시 별도로 기록한다.

조직구성 (예)

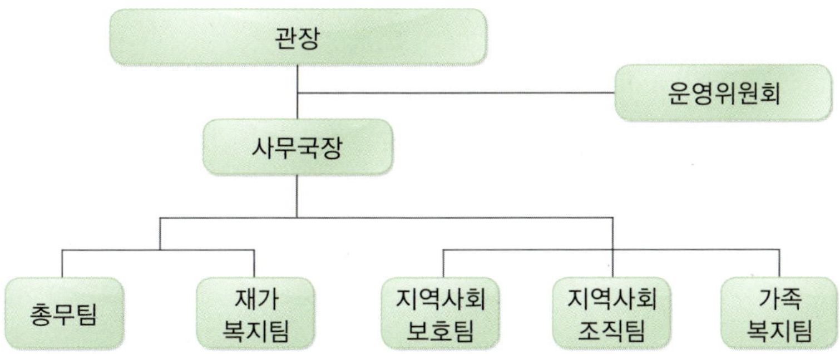

〈직원현황〉

구 분	계	관 장	국 장	과 장	선임 사회복지사	사회 복지사	서무 경리	간호사	안전 관리인
계	15	1	1	3	2	5	1	1	1
상근자 수	12	1	1	3	2	3	1	–	1

4) 주요 사업내용(기관의 프로그램)

기관이 클라이언트와 지역사회에 기여하는 프로그램을 간단히 제시한다. 여기서는 프로그램의 유형과 목적, 현재의 성과에 대한 내용을 아래 표와 같이 제시한다.

사업부분	사업내용	비 고
아동복지사업	저소득층 아동 방과 후 학습지도 프로그램	25명/ 월 20회
	저소득층 아동 주말 학교 프로그램	20명/ 월 8회
재가복지사업	이동목욕서비스 운영	150명/ 월 1회
청소년복지사업	학교사회사업	ㅇㅇ고등학교 학교사회복지사 1명 파견

5) 조직의 재정자원

연간 예산은 전년 세입세출은 결산금액으로, 금년 세입세출은 예산금액으로 제시한다. 다음 표의 세입에서 기타 후원금은 기업체, 시민, 각 자치(봉사)조직, 기타 등으로부터의 후원 또는 지원받은 모든 비용을 말한다.

사업수입은 기관이용자들로부터 징수한 이용료, 금융 및 이자수입, 부동산을 통한 수입 등 기관에 직간접적으로 수입이 되는 모든 비용을 의미한다.

세출에서 재산조성비는 부동산의 구입 등 기타 기관재산으로 귀속될 수 있는 부분의 예산을 말한다.

외부지원금 현황에서는 최근 3년간의 기금 수주 실적을 기술한다. 지원금액과 지원주체를 명확하게 기록하고, 평가결과는 등급이나 점수 등을 기입하고, 현재 진행 중인 사업은 '사업 진행 중'이라고 명시한다.

〈연간 예산〉

세 입				세 출		
구 분		내 역		구 분	내 역	
		2016년 (결산)	2017년 (예산)		2016년 (결산)	2017년 (예산)
합 계		558,001,105	704,592,880	합 계	558,001,105	704,592,880
사업수입		103,948,500	97,760,000	사무비	369,520,868	455,695,230
이용자 부담금		0	6,000,000	재산조성비	7,573,420	15,480,000
보조금수입	국고보조금	162,628,100	236,708,000	사업비	102,934,778	225,174,250
	법인보조금	0	241,000,000			
	기타후원금	238,235,150	13,600,000			
차입금		0		상환금	0	0
기타 수입		53,189,355	109,524,880	기타 지출	77,972,039	8,243,400

〈외부지원금 현황〉

연 도	수행기간	사업명	지원금액	지원주체 (정부/ 민간)	평가결과
2016	3~12월	저소득층 아동 주말 프로그램	20,000,000	☆☆재단	사업 진행 중
2015	1~12월	결식아동 급식비 지원	13,500,000	◇◇시	보통
2014	5~12월	저소득층 아동 부모교육사업	5,000,000	OO재단	우수

6) 신청사업과 유사/ 동일 사업 수행경험

현재 신청한 프로그램과 유사하거나 동일한 사업의 최근 3년간 수행경험을 기록한다. 여기서 다른 기관들과의 공동활동이나 연대사업을 제시하는 것도 중요하다. 이것은 제안된 프로그램을 뒷받침할 수 있는 것으로서 다른 조직에게서 활용할 수 있는 연결과 지원을 묘사한다.

연 도	수행기간	사업명	예 산	지원주체 (정부/ 민간/ 자체사업)	평가결과
2017	11월~현재	저소득층 아동을 위한 방과 후 프로그램 운영	20,000,000원	자체사업	사업 진행 중
2016	1~12월	저소득층 아동을 위한 나이트 케어 프로그램	5,000,000원	○○재단	우수

7) 기관의 이사회, 운영위원회

기관의 이사회, 운영위원회 위원들의 명단을 아래 표와 같이 첨부한다.

〈이사회/ 운영위원회 명단〉

순 번	성 명	소속기관 · 단체/ 직위	비 고
1	김○○	◇◇종합사회복지관/ 관장	운영위원
2	박◎◎	○○○어린이집/ 원장	운영위원
3	이□□	☆☆대학교 사회복지학과/ 교수	운영위원장
4	최△△	◎◎회계법인/ 회계사	운영위원

|참고 1|

프로포절 작성지침 및 유의사항

프로포절 작성지침

프로포절을 구상할 때 기관의 재정능력이나 실무진의 업무능력을 고려해야 한다. 프로그램을 실행하는 데 실무진의 능력이 부족하다면 실무진을 충원하거나 기존 직원들을 재교육해야 할 것이다. 이는 단순한 문제가 아니고, 기관 전체가 어디로 나아가야 하는지 등과 연관된 문제이다.

실시하고자 하는 프로그램이 기관에서 이전에 실행해 본 적이 없던 것이라면, 구체적인 전개과정을 프로포절에 담아야 한다. 사례를 한 번 보자.

학교에서 청소년들에게 교육 프로그램을 제공하는 기관이 있다. 이 기관은 이제 청소년들을 위한 방과 후 프로그램을 실시하고자 한다. 그런데 이 기관은 지역사회에서 청소년들에게 서비스를 제공하는 이들과의 접촉이 없었다. 새로운 프로그램을 새로운 환경에서 실행하는 데 필요한 중요한 연결고리가 없는 것이다. 따라서 새로운 관계망을 어떻게 발전시킬 것인지를 반드시 프로포절에 담아야 한다(Coley & Scheinberg, 정무성 역, 1998 : 40).

생활쓰레기 줄이기, 재활용 등에 관한 내용을 법으로 제정하려고 해도 국민대중이 환경보호의 필요성을 의식하지 못하면 법률안이 통과되지 않을 수도 있다. 프로포절을 작성할 때 이러한 점은 반드시 고려되어야 한다. 프로그램을 통해 성취하려는 목표는 사회에 상당히 많은 사람들의 지지를 받지 않으면 안 된다(Coley & Scheinberg, 정무성 역, 1998 : 43).

프로포절 양식에 얽매여서 또는 기금을 지원하는 단체의 요구 때문에 기관의 기본적인 방향에서 벗어나면서 프로포절의 초점을 바꾸는 것은 신중해야 한다. 프로포절 작성자가 약간의 돈을 이 프로그램에 쓸 수 있다는 이유만으로 프로포절을 "짜내는" 행위는 가장 비복지적인 것이다.

심사과정

프로포절은 사회복지전문가 회의에서 심사한다. 심사자들의 명단은 공개되지 않지만, 대개 대학교수, 기관・시설장, 정부의 공무원, 기타 지역사회 인사들로 구성된다. 심사자들은 대부분 사회복지전문가들이기 때문에 프로포절이 사회복지학계에서 논증된 이론에 바탕을 두고 있기를 바란다.

공공기관이든 민간지원단체이든 자신이 지원한 기금이 효과적으로 사용되고, 지원 이후 해결하고자 했던 문제가 사라지기를 바란다. 게다가 1년 내지 3년 정도의 지원 이후에는 외부지원 없이도 프로그램을 지속할 수 있는 기관에 높은 점수를 준다. 그 시기가 지난 후에도 외부지원 없이 그 프로그램을 진행할 수 없다면, 그 기관의 역량을 벗어난 것이라고 판단한다.

유의사항

프로포절을 작성하는 것은 '전문적 의사소통'의 과정이다. 프로포절 작성자가 일방적으로 주장하는 것이 아니라, 심사자와 제안자가 일련의 이해관계와 관심사를 공통으로 가지고 있다는 것을 전제로 한다.

프로포절 심사기준

① 효과성

효과성은 두 가지 측면에서 고려될 수 있다. 첫째, 이 프로그램은 확인된 문제를 해결하기 위한 목표설정이 적절한가, 그리고 활동내용들이 타당성 있게 구성되었는가이다. 여기서는 해결하고자 하는 문제의 원인이 구체적으로 분석되었는지와 그에 따른 목표설정과 활동내용의 구성 등을 보게 된다.

② 필요성

프로그램의 아이디어가 지역사회에서 필요로 하는 문제를 다루고 있는가의 문제이다. 지역사회의 문화적 특수성과 다양성이 반영되는지의 문제와 기존에 다른 조직에서 실시하고 있는 프로그램들과의 관련성도 고려된다.

③ 문제의 심각성 및 중요성

프로그램의 내용이 긴급히 해결되어야 할 사회문제인지, 즉 이 프로그램이 실시되지 않았을 경우 예측할 수 있는 피해에 대해 서술한다. 심사자들이 프로포절 작성자를 면접할 때 "이 프로그램이 선정되지 않는다면 앞으로 어떻게 추진할 것인가?"라는 질문을 한다. "지원을 받지 않으면 이 프로그램은 진행할 수 없고 문제상황이 지속된다. 반드시 지원을 받고 싶다"라는 대답은 오답으로 간주할 수 있다. 제안자의 의지가 약하게 비쳐지고, 결국 문제의 심각성이 크지 않다는 것을 반증하는 것이다. 그렇다면 정답은? "정부보조금을 신청해 보거나 다른 재단에 지원신청을 해볼 것이다. 모든 수단을 동원해서라도 이 프로그램은 반드시 진행할 것이다. 그렇지만 귀 기관이 지원한다면 훨씬 효과적으로 프로그램을 진행할 수 있을 것 같다."

④ 실현가능성

프로그램의 아이디어가 기관이 수용할 수 있는 범위 내에 있는지, 즉 기관의 재정적 역량과 실무진의 업무능력이 프로그램을 능히 수행할 수 있는가의 문제이다. 이 영역은 주로 기관 현황이나 지금까지의 프로그램 수행실적 등으로 제시된다.

⑤ 전문성

다른 기관에서는 이 문제를 어떻게 다루고 있는가? 그리고 다른 기관의 프로그램과 차별화된 내용을 가지고 있는가? 등에 관한 내용이다.

⑥ 사회복지조직의 평판

지역주민들이나 지역사회의 다른 조직들이 기관을 지지하고 있는가, 이전에 지원받은 프로그램의 평가결과가 어떠한가는 중요한 심사기준 중의 하나이다.

⑦ 프로포절 작성에 대한 채점

- 목적, 목표, 활동내용과 예산 평가기준이 체계적으로 서술되었는가?
- 클라이언트이 욕구나 사회문제에 대한 진술이 구체적인가? 그리고 이러한 문제는 심각한 수준인가? 특히 클라이언트들의 욕구는 일반적인 것이 아니라 장애에 이 프로그램의 대상자가 될 가능성이 있는 잠정적인(potential) 클라이언트들의 문제가 정확히 파악되었는가 등을 본다.
- 문제의 양이나 프로그램의 규모에 적절한 예산이 편성되었나? 간혹 프로포절 작성자들은 실제 필요한 예산보다 많은 액수를 신청하는 경우가 있다. 심사과정에서 약간의 삭감이 있을 것으로 예측하고, 필요한 것보다 과다한 예산을 배정한다는 것이다. 이것은 프로포절 자체에 대한 신뢰를 떨어뜨리는 것이고, 결국 이러한 프로포절은 탈락하게 된다.
- 프로그램 수행을 위한 기관의 능력은 적절한가? 부족하다면 신규직원 채용이나 직원 재교육 프로그램은 계획되어 있는가?
- 프로그램의 목표달성에 대한 평가체계는 구체적인가? 최근 들어 사회복지공동모금회에서는 성과(outcomes)평가에 대해 부쩍 강조하고 있다.

프로포절에 대해 부정적 인식을 갖게 하는 요인

① 프로포절 작성지침을 충족시키기 위해 프로그램을 무리하게 변경하는 경우이다. 이 경우 프로포절의 체계성, 특히 문제의 원인과 목표설정, 목표와 활동내용, 활동내용과 평가 간의 관계가 불분명하게 드러난다(Coley & Scheinberg, 정무성 역, 1998 : 66).

② 실행예산에서 프로그램의 규모에 비해 예산이 과도하게 책정되어 있는 경우, 그리고 자금 확보에서 근거가 제시되어 있지 않은 기부금이 너무 많은 경우이다.

③ 예산집행 계획에서 자부담이 거의 없는 경우이다. 이러한 프로그램은 기관의 역량을 벗어난 것이거나, 기관의 고유목표와의 관련성이 적은 경우가 많다(물론 예외적인 경우도 있다).

④ 수행인력을 필요 이상으로 많이 배정한 경우이다. 프로그램의 규모에 비해 실무진이 과도하게 배치되었거나, 외부인력이 필요 이상으로 배정된 경우이다. 실제 프로그램 수행인력이라기보다 과시용으로 보일 수 있다.

다시 시작해!

프로포절 작성지침만 잘 기억해도 프로포절 작성의 절반은 성공한 셈이다. 이제 지침에 의거하여 직접 프로포절을 작성해 보고 반복연습해 보자.

Chapter 10 프로포절 작성사례

Ⅰ. 저소득가정 지적장애아동의 사회적응능력 증진을 위한 프로그램(정예림)

○ 진주지역 저소득가정 지적장애아동의 사회적응능력 증진을 위한 프로그램

기관명 (신청기관명)	○○종합사회복지관		
사업명	진주지역 저소득가정 지적장애아동의 사회적응능력 증진을 위한 사회적응 프로그램		
사업기간	2017.05.02.~2017.08.22.(3개월)	서비스지역	진주시
서비스대상	진주지역 저소득가정 지적장애아동	실인원 수	10명
서비스 단가	149,250원(149,250 = 1,492,500 ÷ 10)	투입인력	사회복지사 1명
사업목적	1. 사회성 향상 지원 2. 사회기초능력 익히기		
성과목표	① 자아존중감척도 점수 5% 이상 향상 ② 친구 2명 이상 사귀기 ③ 인사성, 용모단정, 도구활용능력 3항목 향상		
대상자 선정	• 진주시 저소득가정 중 3급 이하 지적장애아동이며 일반교육 과정을 받고 있거나 지능이 저하되는 것으로 진단(사정)되고 사회적응능력이 떨어지는 아동, 프로그램 참여의사 확인 및 보호자 동의, 대상자 수 초과 시, 학교나 센터 내에 부적응을 보인 아동담당자의 추천순으로 선발 • 지역사회에 전단지를 제공하고 지역아동센터 홈페이지 게시판에 게시, 지역신문에 사업소개 • 직접 심사를 통한 대상자 선정		

<table>
<tr><td rowspan="4">주요 사업 내용 요약 (프로그램명 및 주요 시행내용)

※ 성과목표별 주요 프로그램 1개씩 기재</td><td>세부 프로그램명</td><td colspan="5">주요 내용</td></tr>
<tr><td>자신감 높이기 프로그램</td><td colspan="5">자기소개, 별칭짓기, 강점찾기, 나쁜 기억 지우기 등을 통해 자아존중감을 키우기</td></tr>
<tr><td>사회성 기르기 프로그램</td><td colspan="5">친구에게 표현하는 방법, 친구 역할극, 보드게임, 마니또를 통한 사회성 증진, 우정 야유회 참가(프로그램 적용으로 친구도 사귀고, 친구 한 명과 동행하여 수목원, 산림박물관을 견학, 레크리에이션을 하며 친목도모의 시간)</td></tr>
<tr><td>혼자서도 잘해요 프로그램</td><td colspan="5">인사하기, 창작 만들기, 식사예절 익히기, 용모 가꾸기 등의 생활에서의 기초적인 능력 기르기</td></tr>
<tr><td>예 산</td><td>총사업비</td><td>1,492,500원</td><td>신청금액</td><td>1,200,000원</td><td>자부담</td><td>292,500원</td></tr>
<tr><td rowspan="2">신청금액의 세부내역</td><td rowspan="2">인건비</td><td>원</td><td rowspan="2">사업비</td><td>639,500원</td><td rowspan="2">관리 운영비</td><td>255,000원</td></tr>
<tr><td>%</td><td>81.8%</td><td>18.2%</td></tr>
</table>

1. 사업의 필요성

1) 대상자 욕구 및 문제점

① 대상자 문제의 원인

저소득가정의 경미하거나 3급으로 판정받은 지적장애를 가진 자녀들은 부모님의 맞벌이로 인해 데려갈 시간이나 돈이 부족해서 알면서도 제때 특수교육을 받지 않거나, 경미하여 인식되지 못하는 경우도 있다. 다른 교육 없이 일반교육과정을 받고 있는 경미한 지적장애아동을 보면 다른 친구들과 잘 어울리고 싶으나 배제되는 경우가 많이 관찰되었다. 일반교육 과정을 받음으로써 학습이 뒤처지고 그로 인해 놀림받기도 하며, 의도와 맞지 않는 표현으로 또래 친구들 사이에서 배제되고 있는 모습을 쉽게 볼 수 있었다.

② 진주시 한 지역아동센터의 실태

실제 지적장애아동을 몇 명 데리고 있는 진주시의 어느 한 지역아동센터의 사회복지사의 면담내용을 이야기하자면, 지적장애 3급을 받은 아동과 아직 검사를 하지 않았지만 지능이 낮은 것으로 의심되는 아동들은 경미하여 지역아동센터로 오는데, 학교나 센터 내에서 또래 아이들 사이에서 배척받는 경우가 많다고 한다. 친구에게 관심을 받지 못한 아이는 사회복지사나 자원봉사자에게 관심을 받기 위해 의지하고, 자해행위를 하거나, 필요 없는 반복적인 말을 많이 한다고 했다. 이런 모습을 보이게 되니 또래친구들이 싫어할뿐더러 단정하지 못하고 잘못된 표현방법으로 다가가려 하니 친구관계에서 많은 어려움을 겪는다. 고학년인데도 불구하고 사칙연산 수준만 하니 다른 아이들의 놀림거리가 되기도 한다고 하였다. 복지관 프로그램에서도 뒤처지고 소외되는 경우가 종종 있는데 그런 아이들에게만 초점을 맞출 수 없는 상황으로 보였다.

③ 왜 일반교육을 받는 지적장애아동이 대상인 것인가?

지적장애아동은 자기중심적인 행동으로 또래집단의 기대에 맞게 행동하지 못함으로써 또래집단으로부터 배척되어 집단에 참가하려는 의욕도 부족(이성범, 2012)해 보인다고 한다. 그렇기 때문에 학교에서는 따돌림을 당할 수 있고, 일반 교육수업을 따라갈 수 없어 부적응적이고 대인관계에 문제를 일으키며, 자립할 수가 없게 된다. 따라서 학교폭력, 왕따라는 사회적 문제를 야기하고, 미래에도 자립할 수 없으며, 그 아동의 빈곤은 대물림될 수도 있는 현실이다. 보통 이런 아동은 몇 케이스밖에 되지 않아 방치되거나 일반교육 과정에서 그 아동을 맞춰 수업해 주는 프로그램이 없는 실정이다.

2) 지역 환경적 특성

진주지역은 지적장애인의 수가 1,362명으로 사천, 산청, 함양, 의령 등 인근지역에 비해 지적장애인 수도 많아서 저소득가정 내의 지적장애인 수도 많을 것으로 추정된다. 장애 정도가 경미하면서 일반학교를 다니지 않는 지적장애아동의 경우 여러 가지 부적응을 겪고, 교우관계도 원만하지 않은 상태로 방치되어 있을 수도 있기 때문에 사회적응 프로그램을 통해 도움을 주고자 한다.

3) 경험적 근거

일반 복지관에서는 지적장애아동들에게 바우처를 이용해 미술, 심리, 음악치료를 한다고 한다. 하지만 이는 심리적 치료이지 실질적인 사회적응교육이나 사회성 증진을 위한 프로그램을 잘 하지 않는 것으로 드러났다. 3급 정도의 장애아동은 일반아동센터를 이용하는 경우가 많으며 복지관 내에서도 그들을 맞춰줄 수 있는 프로그램을 따로 하지 않아 계속 뒤쳐져 센터 내 부적응을 겪으며 학교에서도 부적응을 겪게 된다. 일반아동들을 위한 사회성 증진 프로그램은 아주 많이 실시되어져 왔는데, 단순한 사회성 증진이나 일회성 캠프 프로그램만이 아닌 일상생활의 사회적응능력 증진을 통한 전반적인 아동의 적응을 돕고자 한다. 본 사업은 3급 이하 지적장애아동들만을 위한 맞춤형 사회성 증진 프로그램을 하고자 한다.

4) 본 사업과 관련된 지역복지 자원 현황

현재 아동을 담당하고 있는 종합복지관이 진주평거종합복지관 하나 있고, 여러 지역아동센터 25곳이 있다. 저소득가정이면서 경미한 지적장애아동들이 쉽게 접촉할 수 있는 것이 지역아동센터인 것을 고려해 진주평거종합복지관 강당에서 실시를 하며, 종합복지관 차량을 이용하고, 진주 시 자원봉사센터를 통해 운행봉사자를 섭외하여 운행을 통해 아이들의 프로그램 방문과 귀가를 돕는다. 프로그램을 보조할 봉사자는 5명 정도가 필요하며, 이를 위해 몇 개월간 꾸준히 봉사를 해줄 잠재인력인 진주지역 4개 대학 사회복지학과 재학 중인 학생이 약 556명이 있다. 진주 문산 정신건강증진센터의 다양한 치료가 있으나 교통편이 좋지 않은 관계로 그곳의 강사를 섭외하거나 직원을 교육하여 아이들을 지도할 수 있도록 한다. 일시적인 강사 섭외는 필요에 의해 장애인 바우처 이용시설 8곳을 통해 치료 프로그램을 요청하여 도움을 청하도록 한다.

2. 서비스 지역, 서비스 대상 및 실인원 수

1) 서비스 지역

경상남도 진주시

2) 서비스 대상

경상남도 진주시 저소득가정의 3급 수준의 지적장애아동

3) 서비스 대상 선정기준 및 방법(과정)

- 진주시 저소득가정 중 3급 이하 지적장애아동이며 일반교육 과정을 받고 있거나 지능이 일반아동의 평균지능보다 저하되는 것으로 진단(사정)되고, 사회적응능력이 일반아동의 평균수준보다 떨어지는 아동
- 프로그램 참여의사 확인 및 보호자 동의
- 대상자 수 초과 시, 학교나 센터 내에 부적응을 보인 아동담당자의 추천 순으로 선발

4) 실인원 수

대상구분	서비스 대상자 산출근거	단위 수(명)
① 일반대상	진주시의 지적장애아동 수	98명
② 위기대상	• 진주시 3급 이하 지적장애아동 수 • 진주시 저소득가정의 지적장애아동 수	46명 약 30명
③ 표적대상	진주시 저소득가정의 3급 이하의 지적장애아동 수	24명
④ 실인원 수	표적대상 중 수용할 수 있는 적정 인원	10명

3. 사업 목적 및 목표

목 적	산출목표	성과목표
1. 사회성 향상 지원	1-1. 자아존중감 높이기	자아존중감척도 점수 5% 이상 향상
	1-2. 친구 만들기 기술 익히기	친구 2명 이상 사귀기
2. 사회기초능력 익히기	2-1. 일상생활기술 및 행동습관 지도	인사성, 용모단정, 도구활용능력 3항목 향상

4. 사업내용

1) 세부사업 내용

성과목표	프로그램명	활동 (수행방법)	시행 시기	수행 인력	참여 인원	시행 횟수 · 시간
자아존중감 척도 점수 5% 이상 향상	자신감 높이기 프로그램	장소 : 본 기관 강당 • 자기소개 : 자신에 대해 소개하기, 아동들끼리 발표를 통해 서로 알아가는 시간 가지기 • 별칭 짓기 : 자신의 별명을 짓고 친구들과 공유하며 서로의 별명 지어주기 • 강점 찾기 : 서로의 장점을 찾아주고 짝꿍에게 칭찬해 주기 • 나쁜 기억 지우기 : 좋은 기억은 그려서 보관하고, 나쁜 기억은 이야기하며 훌훌 떨치기, 아동들은 봉사자의 도움을 받으며 미술활동을 함. 이후 둘러앉아 서슴없이 안좋았던 기억을 떨쳐낼 수 있게 돕고 그 감정을 공감해 주기	5월 5회	사회복지사 1명 봉사자 3명	10	주 1회 1일 토요일 2시간

<table>
<tr>
<td rowspan="3">친구
2명 이상
사귀기</td>
<td rowspan="2">사회성
기르기
프로
그램</td>
<td>장소 : 본 기관 강당
레크리에이션 강사가 수업 전 분위기 유도
• 친구에게 표현하기 : 잘못된 표현 방법에 대해서는 수정하고 좋은 방법으로 다가가며 자신의 의사를 분명히 하는 방법 배우기(평소에 주의 깊게 관찰하고 일지를 통해 잘못된 표현 관찰해 주기)
• 친구 역할극 : 친구 만들기 상황극을 실습해 보는 시간
• 보드게임하기 : 보드게임을 통해 게임을 숙지하고 협동심을 배우기, 자원봉사자가 숙지 도움 주기, 승패를 가리기보다는 했다는 것에 의의를 두고 모두 격려할 것</td>
<td rowspan="2">6월, 7월
5회</td>
<td rowspan="2">사회복지사 1명
자원봉사자 3명
강사 1명</td>
<td rowspan="2">10</td>
<td rowspan="2">주 1회
1일
토요일
2시간</td>
</tr>
<tr>
<td>• 마니또 : 첫 회기에 마니또를 뽑고 매주 1회씩 작은 선물을 주거나 편지 써주기 유도. 자세한 설명을 해주고 이해하도록 돕기, 종결 전 차시에 공개하여 마니또에게 고마움 편지 쓰기</td>
</tr>
<tr>
<td>우정
만들기
(야유
회)</td>
<td>일시 : 2015. 08. 08.(토)
복지관으로 집결 9시, 5시 해산(각자 집까지 태워줌)
아동 10명과 아동들이 데리고 온 각 친구들 1명씩과 기관 봉고차 2대로 이동
• 진주 반성수목원 나들이, 산림박물관 견학
• 이때까지 배운 것을 적용하여 학교에서 친해진 친구와 동행하여 점심 도시락도 먹고, 박물관 관람도 하며, 이후 수목원 공터에서 서로 친구를 소개하며 같이 레크리에이션하기(수건돌리기, 런닝맨 등 간편한 야외게임)</td>
<td>8월
1회</td>
<td>사회복지사 1명
강사 1명
운전자 2명
자원봉사자 3명</td>
<td>20</td>
<td>연 1회
8시간</td>
</tr>
</table>

인사성, 용모단정, 도구활용 능력 3항목 향상	혼자서도 잘해요 프로그램	장소 : 본 기관 강당 자원봉사자가 각 아동 2명에게 붙어서 체계적으로 도와주고 도움을 줄 것 • 인사하기 : 인사하는 방법을 가르쳐 주고 인사의 중요성 익히기, 실제 연습 • 창작 만들기 : 종이접기, 종이인형 만들기를 하며, 가위질, 풀칠이 서툰 아이들에게 1:1로 붙어서 가르쳐 주며 만들기 • 식사예절 익히기 : 간단한 콩으로 젓가락질 옮기기 놀이를 한 뒤 직접 음식 먹으며 올바른 식습관 알기, 서툰 아이들 지도 • 용모 가꾸기 : 용모를 단정히 하는 방법을 영상으로 보고 양치나 세수법 익히기 세수는 시뮬레이션으로 해보고 양치는 직접 양치도구를 통해 3.3.3 실행해 보기	7월, 8월 6회	사회복지사 1명 자원봉사자 5명	10	주 1회 1일 토요일 2시간

2) 목표에 대한 평가방법

성과목표	목표에 대한 평가방법			
	성과지표	자료원	자료수집 방법	자료수집 시기
자아존중감척도 점수 5% 이상 향상	자아존중감척도검사 점수 사전검사보다 사후검사에서 5% 이상 향상	참여아동 조사	자아존중감척도 (Rosenberg 1965–10문항) 사전사후 검사	5월, 8월
친구 2명 이상 사귀기	아동의 매수업 참여율 전체 아동 수의 70%, 친구 2명 이상 사겼는지 여부	참여아동, 학교 담임선생님	면담을 통해 파악	수시
인사성, 용모단정, 도구활용능력 3항목 향상	인사성, 용모단정, 도구활용능력 3항목 기능수준 향상	사회복지사	활동일지기록	수시

3) 담당인력 구성

이름 (역할)	담당부서/ 직위	투입시간 (단위 : 1주일)	경력(년)/ 주요 업무	자격증 (신청사업 관련)
정예림 (주 담당)	아동복지과/ 기획담당	2시간	4년 지역아동센터 생활 사회복지사 근무, 지역아동센터 내 학습, 예체능 · 사회성 증진 프로그램 진행	사회복지사 2급
박주영 (부 담당)	정신보건사회복지사/ 지적장애담당	2시간	2년 정신건강증진센터 근무	정신보건사회복지 2급
박지영 (보조강사)	레크리에이션 강사	2시간	5년 정신건강증진센터 치료담당자	레크리에이션 강사 2급 이상
최성은 (슈퍼바이저)	아동복지과/ 팀장	2시간	10년 종합복지관 근무	사회복지사 1급

4) 사업진행 일정

내 용 \ 기 간	2015년 2월	3월	4월	5월	6월	7월	8월	9월	10월
사업 세부계획 수립									
홍 보									
대상자 선정									
사후평가									
마니또									
자신감 높이기 프로그램									
사회성 기르기 프로그램									
수목원 야유회									
혼자서도 잘해요 프로그램									
사업평가									
사업보고서									

5) 홍보계획

대 상	홍보방법 및 횟수	활용매체	비 고
지역사회 주민	전단지 제작 1회	전단지	
타 복지기관	지역아동센터 홈페이지, 게시판 사업소개 수시	인터넷	
지방자치단체	지역 신문 사업소개 1회	지역 신문	

6) 지역자원 활용 계획

자원명	활용계획	비 고
자원봉사자	프로그램 실시 주 1회 투입	
평거종합사회복지관	프로그램 공간사용, 차량	
진주시청	홍보, 복지과 대상자 연계	
자원봉사센터	운전, 참여 봉사자 모집	

5. 예산계획

(단위 : 원)

<table>
<tr><td>관</td><td colspan="8">사업비</td></tr>
<tr><td>항</td><td colspan="8">공동모금회 “진주지역 저소득가정 지적장애아동의 사회적응능력 증진을 위한 사회적응 프로그램” 사업비</td></tr>
<tr><td rowspan="2">목</td><td rowspan="2">세 목</td><td rowspan="2">계</td><td rowspan="2">산출근거</td><td colspan="5">예산조달 계획</td></tr>
<tr><td>신청금액</td><td>비율(%)</td><td>자부담</td><td>비율(%)</td><td>자부담재원</td></tr>
<tr><td colspan="2">총 계</td><td>1,482,500</td><td></td><td>1,200,000</td><td>100</td><td>292,500</td><td>100</td><td></td></tr>
<tr><td rowspan="7">사업비</td><td rowspan="3">자신감 높이기 프로그램</td><td rowspan="3">52,000</td><td>색지 200원 × 10명 = 2,000
도화지 100원 × 10명 = 1,000
사인펜 12색 2,800원 × 5개(2인 1개) = 14,000
색연필 12색
5,000원 × 5개 = 25,000
크레파스 12색
2,000원 × 5개 = 10,000</td><td>52,000</td><td>3.6</td><td></td><td></td><td></td></tr>
<tr><td>〈아동 간식비〉
3,000원 × 10명 × 5회 = 150,000</td><td>150,000</td><td>12.5</td><td></td><td></td><td></td></tr>
<tr><td>〈자원봉사자 간식비〉
5,000원 × 5회 = 25,000</td><td>25,000</td><td>2.5</td><td></td><td></td><td></td></tr>
<tr><td rowspan="4">사회성 기르기 프로그램</td><td rowspan="4">58,000</td><td>〈보드게임〉
치킨차차 29,000원 + 어베이징 라비린스 27,000원 = 56,000원</td><td>56,000</td><td>4.7</td><td></td><td></td><td></td></tr>
<tr><td>〈마니또〉
편지지 1,000원 × 2개(5장 세트) = 2,000</td><td>2,000</td><td>0.6</td><td></td><td></td><td></td></tr>
<tr><td>〈보조강사비〉
2h 50,000원 × 6회(5회 수업 + 1회 야유회 선불) = 300,000</td><td>300,000</td><td>25.0</td><td></td><td></td><td></td></tr>
<tr><td>〈아동 간식비〉
3,000원 × 10명 × 5회 = 150,000</td><td>150,000</td><td>12.5</td><td></td><td></td><td></td></tr>
</table>

			〈자원봉사자 간식비〉 5,000원 × 5회 = 25,000	5,000	0.5	20,000	6.5	자체
	혼자 서도 잘해요 프로그램	83,500	색종이 50개입 1박스 = 10,000 가위 600원 × 10명 = 6,000 풀 500원 × 5개 = 2,500 색지 200원 × 10명 = 2,000	20,500	1.7			
			콩 반되 = 4,000 〈식사비〉 한솥 도시락(반찬 있는 것) 3,400원 × 10명 = 34,000	38,000	3.2			
			양치도구 2,500원 × 10명 = 25,000			25,000	8.5	자체
			〈아동 간식비〉 3,000원 × 10명 × 6회 = 180,000	180,000	15			
			〈자원봉사자 간식비〉 5,000원 × 6회 + 5,000(봉사자 수 많아 + α) = 35,000			35,000	8.5	자체
	수목원 야유회	225,000	수목원 입장료 및 산림박물관 어른 1500 × 5 + 아이 500 × 20 = 17,500 〈식비〉 한솥도시락(치킨마요) 2,700원 × 25명 = 67,500 〈간식〉 음료 1,500원 × 25명 = 37,500 빵 1,500원 × 25명 = 37,500 주유비 20,000원 × 2대 = 40,000 여행자보험 1,000원 × 25명 = 25,000			225,000	76.5	자체
	소 계	889,500		639,500	81.8	250,000	100	
관리운영비	사무 용품비	15,000	A4용지(100매) × 2개 = 7,000 볼펜 한 다스 5,000 연필 한 다스 3,000	15,000	1.2			
	차량 유지비	200,000	주유비 200,000	200,000	17.0			
	소 계	300,000		255,000	18.2	45,000		

Ⅱ. 여성 가출청소년들의 성매매 예방과 일상생활 복귀를 위한 자립지원 프로그램(최효정)

1. 사업의 필요성

1) 대상자 특성

성매매의 위험에 빠진 10대 여성 가출청소년의 문제점은 가정의 기능상실, 성교육의 비현실성, 여가활동의 부재, 법제도의 결함, 관련기관의 난립, 보호시설의 부족이다.

① 학대의 경험

아동기에 당한 성적 학대가 직접적인 매매춘을 이끄는 요인이라고 주장한다. 한국에서도 청소년 약물중독자의 70%와 매춘 종사자의 75%가 성장기에 성적 학대나 근친상간을 경험한 것으로 드러났다(박병식, 2010).

② 성경험

신체적·생리적 변화와 함께 성에 대한 호기심이나 욕구는 청소년기의 한 특징이다. 또래에 비해 일찍 사춘기를 맞는 조숙한 소녀들은 덜 사회적이고 불안감이 높으며 자신보다 나이가 많은 친구를 사귀면서 일탈적 행동을 하는 경우가 많다. 이러한 신체적·생리적 조숙과 성적 관심이 직접적인 성행위로 나타나는 데는 여러 가지 요인들이 복합적으로 작용한다. 여러 연구들에서 청소년의 성관계에 영향을 미치는 요인으로 지적하는 세 가지는 가족적 특성과 청소년의 성격과 행동, 주위 친구들의 영향이었다.

보건복지부에 따르면, 성관계 경험이 있는 10대 청소년들의 첫 경험 나이는 평균 13.6세다. 이처럼 이른 나이의 경험은 올바른 성 인식의 부재로 성매매와도 직결된다.

③ 청소년 가출

가족기능에 문제가 있을 때 청소년들에게 유의하게 출현하는 품행장애가 가출의 한 원인이 되고, 특히 소녀비행에서 가장 큰 문제는 가출이라고 볼 수 있다. 가출은 청소년들에게 있어서 가출경험 후 비행을 심화시키거나 다양한 비행으로 들어가는 계기를 마련한다. 가출이 일회성으로 끝나는 경우도 있으나 유해한 거리 환경은 청소년을 다양한 비행행위로 이끌고 상습적인 가출을 일삼게 한다.

때문에 십대소녀들의 가출은 부모의 정신적·육체적 학대나, 일탈적 행동이 주는 자유로움을 누리고 싶은 욕구, 단순한 호기심 등의 다양한 원인으로 감행되는 비행이면서 동시에 향락업소나 청소년매매춘으로 유입되는 가장 중요한 요인이다.

가. 정서적 문제

- 낮은 자아존중감

자신이 생각하는 정서적 문제 : 외로움, 불안감, 우울감, 두려움, 분노, 참을성이 없어 타인에 대한 신뢰감 부족

전문가가 생각하는 정서적 문제 : 불신감, 분노, 외로움, 소외감, 낙인감

나. 고용 및 주거문제

- 가출 후 취업 : 세차장, 주유소, 레스토랑 카페 등의 유흥업소
- 주거 : 친구집, 친구 자취방, 여관, 노숙, 빈집, 공터에서 기거

다. 교육문제

- 교육이 중단될 가능성이 많음. 무엇보다 가출청소년 자신이 귀가 후 교사와 급우 간의 관계에 대해 두려움과 불신을 가지고 있음

라. 성문제 및 건강문제

- 가출청소년의 성경험 유형 : 강간, 생존형 섹스, 관계를 통한 섹스
- 가출청소년의 성적 행동성향이 높고 성관계 경험이 많음
- HIV와 AIDS에 노출되어 있음

마. 생활만족도 문제

가정만족도	만족	395	36.5	63.5	100.0
	불만족	108	74.1	25.9	100.0
학교만족도	만족	374	38.2	61.8	100.0
	불만족	129	62.8	37.2	100.0
전반적 만족도	만족	390	35.4	64.6	100.0
	불만족	113	76.1	23.9	100.0

- 위와 같이 가출충동 경험 여부는 가정생활(불만족 74.1%), 학교생활(불만족 62.8%), 전반적 생활(불만족 78.1%)에서 불만족하는 층에서 높게 나타남. 때문에 10대 청소년 가출은 생활만족도가 낮기 때문에 증가함을 알 수 있다.

2) 지역 환경적 특성

보통 역 앞이나 지역의 번화가, 술집이 모여 있는 곳처럼 유흥거리와 같은 곳이나 특정 지역에서 성을 사고파는 청소년 성매매가 빈번하게 일어나고 있다. 창원에서는 상남동이 대표적인 유흥가이다. 도롯가에 널브러진 각종 불법전단이 많은데 이 불법전단 대부분을 차지하는 대리운전 업체에서 뿌린 명함형도 문제지만 룸살롱이나 성매매 업소에서 뿌려댄 전단에는 낯 뜨거운 사진 때문에 이곳을 지나 등교하는 청소년이 전단을 쉽게 접할 수 있다는 점에서 영향을 받기 때문에 문제가 크다. 창원 상남동은 신종 성매매 업소 밀집지역이다. 창원여성인권상담소(소장 최갑순)가 지난 2007년 조사해서 내놓은 “창원 상남상업지구(상남

동·중앙동) 산업형 성매매 실태조사와 근절을 위한 대안 모색"이란 자료에 의하면, 이곳에는 유흥주점 458곳, 단란주점 37곳, 이용업 19곳, 숙박업 62곳 등이 있었다. 출장마사지, 안마시술소, 토킹샵도 여러 곳 있었다. 이 숫자는 거의 변하지 않은 것으로 보인다.

상남상업지구에 있는 거의 대부분 건물은 구조가 비슷하다. 1~2층은 대개 식당(횟집)이고, 2~5층은 술을 마시거나 노래를 부르는 노래방(룸사롱·바·술집·안마시술소·다방)이며, 그 위층은 잠자는 방(모텔)이다. 뿐만 아니라 성매매를 연결시켜 주는 승합차량의 번호까지 알아내서 경찰에 넘겨도 단속하지 않는 실정이다.

3) 경험적 근거

창원의 여성복지시설은 10곳으로 그중 성매매 피해자 지원시설 수는 5곳이다. 그 수가 절반이지만 보호 및 상담 지원을 하지만 청소년 성매매의 수가 줄어들지 않는 것으로 보아 직접적인 지원이 미흡하기 때문이라고 본다. 그 예로 2011년 노래방 도우미를 하다 안타깝게 생을 마감한 B씨는 가출청소년 여성 지원시설인 '해바라기 쉼자리'와 '로뎀의 집'에서 상담지원을 받으면서 살아가고 있었다. 자립을 위한 기반이 취약했던 상황에서 노래방 도우미를 할 수밖에 없었던 것으로 보인다. 때문에 직접적인 서비스 지원은 부족하다는 것을 알 수 있다.

4) 본 사업과 관련된 지역복지 자원 현황

청소년 성매매를 위한 지역복지 자원 현황으로는 보호시설과 상담사업 등이 있다. 진학교육, 심리정서상담, 문화체험, 직업훈련과 퇴소 후 가정으로 돌아갈 수 없거나 자립기반이 마련되지 않은 여성청소년을 위한 생활시설 등도 마련되어 있다.

2. 서비스 지역, 서비스 대상 및 실인원 수

1) 서비스 지역

창원시(마산)

2) 서비스 대상

만 13세에서 19세의 10대 여자 가출청소년

3) 서비스 대상 선정기준 및 방법

- 대기인원이 있을 경우 생활만족도 설문지의 기준점수를 초과하고 1:1 개인 상담을 통해 문제의 심각성이 강한 대상자순으로 선정
- 실인원이 부족할 경우 지역 내 관련 기관의 추천을 받아서 충족

4) 실인원 수

대상구분	서비스 대상자 산출근거	단위 수(명)
① 일반대상	창원시 만 13세에서 19세의 10대 여자 청소년	106,180명
② 위기대상	일반대상자 중 여자 가출청소년	450명
③ 표적대상	위기대상자 중 마산에 거주하는 여자 가출청소년	100명
④ 실인원 수	표적대상 중 프로그램 참여를 희망하는 10대 여자 가출청소년	20명

3. 사업 목적 및 목표

목 적	산출목표	성과목표
1. 청소년기의 성에 대한 올바른 지식을 전달하고 성에 대한 올바른 가치관 확립하도록 돕는다.	1-1. "OT" 1회 실시로 사업목적과 내용 설명	성 인식도 30% 향상
	1-2. '청소년기 성의 재인식' 1개월에 4회 실시로 성에 관련된 영상, 집단상담 등을 실시해 올바른 성 지식을 확립하고 발표하는 시간을 가지고 서로의 생각 나누기	
	1-3. '소중히 하기' 3개월에 12회 실시로 개별적인 상담을 통해 c't의 정서표현, 직접적인 정서치료를 통해 올바른 성 가치관 확립을 도움	
2. 사회, 일상생활로의 복귀를 돕는다.	2-1. 학업지원, 진로, 적성, 취업 방향을 찾기 위해 적성검사와 그에 맞는 일자리를 연계된 기관, 기업에 6개월에 1번씩 경험하게 하기	취업률 30% 증가 생활만족도 15% 증가
	2-2. 2개월에 3번 의료지원을 통해 신체적 · 정서적 건강검진	
	2-3. 갈 곳이 없는 같은 처지를 가진 또래와 공동생활시설에서 생활하게 한다. '운김'프로그램(재계약은 1년)	
3. 가정으로의 복귀를 돕는다.	3-1. 가출로 인해 서먹해진 부모와 1개월에 4번씩 영상편지, 면회를 통한 관계 회복	가정으로의 복귀 10% 증가

4. 사업내용

1) 세부사업 내용

성과목표	프로그램	활동(수행방법)	시행 시기	수행 인력	참여 인원	시행 횟수 · 시간
성 인식도 30% 향상	"OT" 실시로 사업목적과 내용 설명	프로그램 필요성과 목적 및 전체 내용을 소개	3월 첫째 주 금요일	사회복지사 1명	20명	연 1회 3시간
	생각 나누기	매주 목요일 3시에 시청각실에서 성매매와 관련된 영상(예 사마리아 등)을 보고 감상문 작성 후 서로가 느낀 점을 발표하고 공유하며 올바른 성 지식을 확립하는 시간을 가짐	4월 매주 목요일	사회복지사 1명 성교육강사 1명	20명	주 1회 3시간
	'소중히 하기'	개별적인 상담을 통해 c't의 정서표현을 돕는 그림치료, 음악치료와 같은 정서치료 실시	5, 6, 7월 매주 수요일	사회복지사 2명 심리상담사 1명	20명	주 1회 2시간
취업률 30% 증가 생활 만족도 15% 증가	'진로 찾아주기'	6개월에 1번 적성검사와 그에 맞는 일자리를 연계된 기관, 기업에 경험하게 하기, 활동일지 작성하기(만약 적성에 맞는다면 계약직으로 취업 가능)	6개월에 1번 (5월부터)	사회복지사 2명 청소년고용 지원센터 직원 1명	20명	-
	건강지원 프로그램	기관과 연계된 병원의 의료지원을 통해 신체적(종합건강검진) · 정서적 건강검진	8, 9월 격주	사회복지사 1명	20명	월 1회 3시간
	'운김' 프로그램('사람들이 있는 곳의 따뜻한 기운'이라는 순우리말)	같은 처지를 가진 또래와 4인 1실로 공동생활시설에서 주거 및 생활하게 함으로써 공동체 정신 함양과 낙인감에서 벗어나도록 도움	1년	사회복지사 2명	20명	-
가정으로의 복귀 10% 증가	가정복귀 프로그램	서먹해진 부모에게 매주 화요일마다 영상편지 또는 편지를 보내는 시간을 가지며 면회 또는 공동생활시설에서 하룻밤을 지내며 관계회복 증진을 돕는다.	10월 매주 화요일	사회복지사 2명	20명	주 1회 3시간 (면회의 경우)

2) 목표에 대한 평가방법

성과목표	목표에 대한 평가방법			
	평가지표	자료원	자료수집 방법	자료수집 시기
사전 대비 성 인식도 30% 향상	• 성 인식 설문지의 점수 사전사후 변화 ※ 변화량	10대 여자 가출청소년(c't)	올바른 성 가치관 확립에 관련된 설문지, 활동일지	사전사후
사전 대비 취업률 30% 증가 생활만족도 15% 증가	• 생활만족도 설문지 점수 사전사후 변화 • 취업률 ※ 변화량	생활만족도 척도	생활만족도 척도 분석, 활동일지 분석, 취업률 분석	사전사후
사전 대비 가정으로의 복귀 10% 증가	• 가정으로 복귀한 인원 수 • 만나는 횟수 ※ 빈도	10대 여자 가출청소년(c't)	활동일지, 설문지	사전사후

3) 담당인력 구성

이름 (역할)	담당부서/ 직위	투입시간 (단위 : 1주일)	경력(년)/ 주요 업무	자격증 (신청사업 관련)
유재석 (슈퍼바이저)	관장	2시간(1회)	프로그램 총괄지도 및 관리	사회복지사 1급
최효정 (담당자)	사회복지사	3시간	프로그램 관리 및 담당	사회복지사 1급
정형돈 (사회복지사)	사회복지사	3시간	프로그램 진행	사회복지사 1급
구성애 (성교육강사)	성교육강사	3시간	성교육상담 지도 8년	성교육 상담지도사
박명수 (심리상담사)	심리상담사	2시간	심리상담 지도 5년	심리상담지도사
노홍철 (청소년 일자리 고용센터)	청소년일자리 · 고용센터	–	고용센터 알선 3년	–

4) 사업진행 일정

내 용 \ 시 간	3월	4월	5월	6월	7월	8월	9월	10월	11월	12월
"OT"										
생각 나누기										
'소중히 하기'										
'진로 찾아주기'										
건강지원 프로그램										
'운김' 프로그램										
가정복귀 프로그램										

5) 홍보계획

대 상	홍보방법 및 횟수	활용매체	비 고
지역사회 주민	- 팸플릿 등의 홍보물 제작배포 - 사업안내지 발송 - 사업설명회 1회 실시	우편발송, 팸플릿, 전단지	-
타 복지기관	- 공문서 발행 및 홈페이지 게시판 안내 - 복지기관 방문 및 협조요청 전화, E-mail	인터넷, 전화	-
지방자치 단체	- 지방자치단체 방문 및 후원요청 - 캠페인설명회 실시	직접방문, 홍보물	-

6) 지역자원활용 계획

자원명	활용계획	비 고
지역 내 타 복지기관	협조 및 후원	-
지역 내 의료기관	의료지원	-
지역 내 팸플릿 제작업체	홍보용 팸플릿 제작	-

5. 예산계획

(단위 : 원)

관	사업비							
항	여성 가출청소년들의 성매매 예방과 일상생활 복귀를 위한 자립지원 프로그램							
목	세목	계	산출근거	예산조달 계획				
				신청금액	비율(%)	자부담	비율(%)	자부담재원
인건비	담당인력	7,400,000	담당인력 - 외부인력 성교육강사 250,000원 × 4월(4회) × 20명 = 1,000,000원 심리상담사 250,000원 × 5, 6, 7월 (12회) × 20명 = 3,000,000원 - 수행인력 사회복지사 (세후)1,700,000원 × 2명 = 3,400,000	7,400,000				
	소 계	7,400,000		7,400,000				
사업비	생각나누기	23,000	A4용지 100장(장당 50원) × 볼펜 60개(개당 300원)	23,000				
	건강지원프로그램	2,000,000	종합건강검진비 20명 × (인당)100,000원	2,000,000				
	진로찾아주기	1,000,000	청소년일자리고용센터 6개월(1회) × 20명(c't)	1,000,000				
	식 비	3,600,000	식비(인당 6000원) × 20명	3,600,000				
	운김프로그램	550,000	수도세(월 200,000원) × 전기세(월 350,000원) × 20명	550,000				
	팸플릿제작	600,000	팸플릿 제작 × 300매 × 2,0000원	600,000				
	소 계	7,223,000		7,223,000				
관리운영비	–	–	–	–				
	총합계			14,623,000				

Ⅲ. 아동학대 예방을 위한 학대가정의 가족기능 강화 프로그램(김은지)

1. 사업의 필요성

1) 대상자 욕구 및 문제점

① 아동학대를 한 부모

인간의 생애에서 아동기의 문제는 평생에 걸쳐 영향력을 미친다. 학대를 받은 아동의 경우 큰 문제를 갖게 된다. 2014년 통계청 조사에 따르면, 2013년 0~7세의 아동을 학대한 경우는 6,796건으로 전년도에 비해 363건, 6.1%가 증가하였다. 부모, 친인척, 타인에 의해 아동들이 학대를 받았으며 학대행위자 중 친부모가 76.2%로 가장 많았다. 학대의 발생유형은 신체학대, 성학대, 정서학대, 방임 중에서 방임이 26.2%로 가장 높았고, 그 다음으로 정서학대가 16.2%, 신체학대가 11.1%, 성학대가 3.6%의 비율로 뒤를 이었다.

이처럼 부모에 의한 학대로 방임이 가장 높다는 것은 부모가 될 준비를 하지 못하고 부모가 된 사람들이 자식을 양육할 방법을 몰라 아동을 그대로 방치하기 때문이다. 이들은 가정 내에서 부모로서 자녀들에게 어떤 역할을 해야 하는지, 어떻게 자녀들을 양육해야 하는지에 대해서 알지 못한다. 그렇기 때문에 자신의 감정에 따라 아이를 대하는 태도가 달라지고, 학대를 가하게 되는 것이다. 학대를 예방하기 위해 해결해야 하는 근본적인 문제는 학대가해자인 부모가 부모역할을 인지하게 하는 것이다.

부모가 아동을 학대하는 또 한 가지 이유는 애정이 없다는 데 있다. 자신이 낳은 자녀에 대한 애정이 여러 가지 이유로 인해서 상실되었다면 이는 개개인에게도 문제이지만 가족 차원, 사회 차원에서도 큰 문제로 작용될 수 있다. 자식에게 애정이 없는 경우도 있고, 그래도 자식이라 애정은 있지만 자식을 사랑하는 마음을 잘 표현하지 못하는 부모도 많다. 그러한 원인으로 학대가 발생된다면 해당 프로그램을 통하여 문제를 해결할 수 있도록 해야 한다.

② 학대를 당한 아동

학대를 당한 아동은 평생에 걸쳐 큰 문제점을 가지게 된다. 신체학대의 후유증은 아동기에 정서적 문제, 행동상의 문제, 학습문제 등을 야기할 수 있다. 더욱이 신체학대를 경험한 아동은 신체적 후유증을 가지고, 아동기의 문제뿐만 아니라 성인기까지 후유증이 지속되고 대인관계를 발달시키는 능력에 손상을 입게 된다.

정서학대의 경우 눈에 보이는 형태의 학대만큼 혹은 그 이상으로 아동의 정신건강과 행동발달, 자아존중감에 부정적인 영향을 미친다. 특히 유아기의 정서학대는 치명적인 후유증을 겪게 한다.

방임 역시 아동의 인지적·신체적·사회적·심리적 발달에 광범위하게 영향을 줄 수 있다. 학대받은 아동이나 방임을 경험한 아동은 일반적으로 수동적이며 사회적으로 위축된 모습을 보이는 경향이 있다. 불안을 경험한 아동은 다리를 심각하게 떤다든지, 손톱을 잘 물어뜯는 경향을 많이 보인다. 아동기, 청소년기의 문제뿐만 아니라 아동이 성장하여 성인기, 노인기가 될 때까지 영향을 미칠 수 있는 사회성을 학습하는 학교에서도 위축된 모습을 많이 보인다. 이 때문에 교우관계에 어려움을 많이 겪기도 한다. 보통의 사람들은 밝은 사람에게 더 끌리기 때문에 한 눈에 봐도 우울해 보이고 위축되어 있는 소극적인 아이가 교우관계를 증진시키는 것에는 어려움이 따른다.

또한 부모도 마찬가지이지만 아이 역시 이러한 부모에게 애정이 없거나 표현하는 방법을 알지 못한다. 가족이지만 상호 간에 애정을 표현하지 않기 때문에 아동학대 문제가 더 심각해지는 것이다. 고기도 먹어본 사람이 잘 먹는다는 말처럼 사랑받고 부모로부터 많이 표현을 받은 아동이 자신의 감정이나 마음을 잘 표현할 줄도 아는 것이다.

2) 지역 환경적 특성

경남에 아동학대 관련 사업을 실시하는 곳은 경상남도아동보호전문기관, 경남서부아동보호전문기관, 김해시아동보호전문기관이 있고, 거제와 양산에 경상남도아동보호전문기관의 분소가 있다. 또한 경상남도 아동위원협의회에서도 아동학대와 관련된 사업을 한다.

3) 경험적 근거

경상남도아동보호전문기관 등 여러 곳에서 아동학대 예방, 학대받은 아동을 위한 프로그램을 실시하였다. 많은 프로그램을 실시하였음에도 아동학대에 대해 여전히 사회적으로 논란이 되고 있는 이유는 대상자들이 학대를 받아도 아동학대라고 신고해 주는 주변 어른들도 없고, 학대받은 아동이 신고할 곳도 마땅치 않기 때문이다. 신고가 접수되었다고 해도 가해자에 대한 처벌이 미비하여 문제해결이 잘 되지 않고 있다. 또한 학대받은 아동이 부모와 격리되어 지낼 시설이 부족하기도 하고, 친권 등 법적 보호자임을 내세워 대상자를 다시 데려가는 실정이다.

2013년 11월 울산에서 계모가 의붓딸을 학대하여 아동이 사망하는 사건이 발생하였다. 이 사건을 계기로 근본적인 대책마련을 위해 '울주 아동학대 사망사건' 진상조사와 제도개선위원회가 발족되었다. 애초에 2개의 아동보호전문기관이 22차례 개입을 시도했으나 아동보호체계의 제도적 허점과 소극적 대처가 맞물려 결국 아동이 사망하게 되었다. 이에 대한 원인으로 먼저 두 기관 간의 종결에 대한 의견이 불일치하여 이관조치가 미흡했다는 것이다. 학대행위자의 상담 및 교육 거부로 인해 어려움이 있었고, 증거자료의 심각성에 대한 개입이 미흡했다는 것이 이유이다.

4) 본 사업과 관련된 지역복지 자원 현황

창원지역 내에서 아동학대 관련 사업, 업무를 수행하는 경상남도아동보호전문기관이 있다. 이 기관은 학대를 겪은 가정을 이 프로그램에 연결시켜 줄 것이고, 아동양육의 기술에 대해 알려줄 것이다. 학대가해자에 대한 양육기술교육 시 필요한 장소를 제공해 줄 것이다. 또한 아동기의 중요성과 부모와의 관계의 중요성 등 아동기의 특징과 자녀양육에 대한 지식을 전문적으로 다루는 대학교 5곳에서는 교육에 도움을 줄 것이다. 마산종합사회복지관에서도 프로그램 시행에 필요한 정보와 장소를 제공해 줄 것이다.

2. 서비스 지역, 서비스 대상 및 실인원 수

1) 서비스 지역

경남 창원시 마산합포구

2) 서비스 대상

창원시 마산합포구 가정 중 아동학대 가정

3) 서비스 대상 선정기준 및 방법(과정)

- 마산합포구 내 아동학대 가정으로 등록된 세대 중 초등학교 저학년 아동이 속한 가정을 우선
- 마산합포구 내 아동학대 가정 중 학대신고 수가 3회 이상 되는 세대
- 마산합포구 아동학대 가정 중 기초생활수급비를 받는 세대
- 프로그램 참여를 희망하는 대상자에 한해 면접을 통한 상담을 바탕으로 모든 가족구성원이 동의한 가정으로 선정
- 대상자가 초과할 경우, 소득수준과 참여연령, 참여의지를 바탕으로 하여 선정기준표를 기준으로 프로그램 대상자를 선정

4) 실인원 수

대상구분	서비스 대상자 산출근거	단위 수(가구)
① 일반대상	마산합포구의 아동학대 가정	844
② 위기대상	일반대상 중 학대신고 수가 3회 이상인 가정	121
③ 표적대상	위기대상 중 기초생활 수급자로 등록된 가정	37
④ 실인원 수	표적대상 중 본 프로그램에 참여할 의향이 있는 가정	4

3. 사업 목적 및 목표

목 적	산출목표	성과목표
1. 학대가해자의 부모역할 교육	1-1. 주 2회 아동양육기술에 대한 교육	아동양육능력 향상, 아동학대 발생 빈도 40% 감소
	1-2. 월 1회 부모-자녀 간의 역할 연극을 통한 가족상태 정비	상호 간 애정표현 횟수 5회 증가
2. 학대피해 아동의 정서적 · 심리적 지원, 치료	2-1. 주 1회 아동의 심리상담 실시	아동의 불안행동(손톱 물어뜯기, 다리떨기) 빈도 60% 감소
	2-2. 주 1회 심리치료(놀이치료, 미술치료) 실시	아동의 놀이활동량 50% 향상, 행동이 주도적으로 변화

4. 사업내용

1) 세부사업 내용

성과목표	프로그램명	활동 (수행방법)	시행 시기	수행 인력	참여 인원	시행 횟수·시간
아동양육 능력 향상, 아동학대 발생빈도 40% 감소	아동 양육 기술 지도	PM 19~20시까지 1시간 진행 아동보호전문기관에서 장소 제공 대학교수 1명이 지도하고 학생 자원봉사자 2명이 수업에 도움 수업의 비중 : 50%는 이론적 설명, 50%는 가상의 상황에서 행동방법을 적용함	연간	복지사 2명 봉사자 3명	6명	1일 1시간 주 2회
상호 간 애정표현 횟수 5회 증가	부모-자녀 간 역할 연극	주말 AM 10~12시까지 진행 마산종합사회복지관 회의실에서 진행 네 가정이 동시에 참석하여 한 가정이 연극할 동안 나머지 가정은 참관하면서 느낀 점을 작성하여 제출하게 함 복지사 한 명은 연극을 진행하고 다른 한 명은 평가 매회 끝나고 다른 가족이 봤을 때 어땠는지, 어떻게 변화되었으면 좋겠는지, 복지사가 어떻게 평가했는지에 대해서 알려줌 세 가지 척도를 선정하여 매회 평가지와 비교하여 최종 평가함(폭력 정도, 폭언횟수, 애정표현) 각 가정에 1명의 자원봉사자가 전담하여 역할연극이 잘 진행될 수 있도록 도움	연간	복지사 2명 봉사자 4명	12명	1일 2시간 월 2회
아동의 놀이 활동량 50% 향상, 행동이 주도적으로 변화	아동 활동 치료	주 1회 아동을 대상으로 심리치료 실시 놀이치료, 미술치료 두 가지 분야에서 격주로 자원봉사자가 치료를 진행함 놀이치료에서는 활동적인 부분에서 시행하고, 미술치료는 감성적인 부분에서 시행함 미술치료에서 팝아트나 캘리그래피를 자격증을 소유한 자원봉사자가 아동들이 할 수 있도록 지도해 줌	연간	복지사 1명 봉사자 3명	6명	1일 2시간 주 1회

아동의 불안 행동(손톱 물어뜯기, 다리떨기) 빈도 60% 감소	아동 심리 상담, 지원	주 1회 아동에 대한 심리상담 진행 토요일 오전 10~13시까지 진행 마산종합복지관에서 만남 아동이 원한다면 추가적으로 할 수 있음 사례관리 모델을 적용하여 시행 봉사자는 전문상담사 2명과 학생 자원봉사자 2명으로 이루어짐. 상담사 1명, 자원봉사사 1녕, 아농 2명으로 매칭시킴 프로그램은 상담실 내에서 상담을 하기도 하고 때때로 매칭팀끼리 야외활동을 하기도 함	연간	복지사 2명 봉사자 4명	4명	1일 3시간 주 1회

2) 목표에 대한 평가방법

성과목표	목표에 대한 평가방법			
	성과지표	자료원	자료수집 방법	자료수집 시기
아동양육능력 향상, 아동학대 발생빈도 40% 감소	아동학대 신고 건수 감소 프로그램 개입 후 변화된 아동의 행동 프로그램 시행 후 아동에 대한 부모의 변화된 태도	프로그램 참여자 (부모, 아동), 학교 담임교사	부모상태 관찰, 수시연락	분기별
상호 간 애정표현 횟수 5회 증가	가족과의 한 달 대화시간 2시간 상승 가족과 '사랑해' 표현의 횟수 5회 증가	프로그램 참여자 (아동, 가족)	가족상태 관찰, 참여자가 작성한 평가지, 수시연락	1개월에 한 번
아동의 불안행동 (손톱 물어뜯기, 다리떨기) 빈도 60% 감소	상담 시, 외부활동 시 아동이 보이는 손톱을 물어뜯는 행동이나 다리를 떠는 행동이 60% 감소	복지관 자체조사	아동상태 관찰	2개월에 한 번
아동의 활동량 50% 향상, 행동이 주도적으로 변화	기능수준척도 사용 행동관찰 시 볼 수 있는 변화	프로그램 참여자	아동상태 관찰, 보호자 수시연락	분기별

3) 담당인력 구성

이름 (역할)	담당부서/ 직위	투입시간 (단위 : 1주일)	경력(년)/ 주요 업무	자격증 (신청사업 관련)
김은지 (주 담당)	아동복지팀	5시간	• 경남아동보호전문기관 2년/ 아동심리상담, 가족지원 담당 • 영남종합사회복지관 3년 현) 아동복지 담당	사회복지사 1급 임상심리사
손지언 (부 담당)	아동복지팀	5시간	• 영남종합복지관 2년 6개월 현) 아동복지 담당	사회복지사 1급 보육교사 1급
김현진 (부 담당)	아동복지팀	5시간	• 영남종합복지관 2년 6개월 현) 아동복지 담당	사회복지사 1급
신양지 (슈퍼바이저)	관장	3시간	• 경남아동보호전문기관 근무 현) 영남종합사회복지관 관장	사회복지사 1급

4) 사업진행 일정

내 용 \ 기 간	1월	2월	3월	4월	5월	6월	7월	8월	9월	10월	11월	12월
아동양육기술 지도	■	■	■	■			■	■	■	■		
부모-자녀 간 역할연극	■			■	■	■	■			■	■	■
아동심리상담	■	■	■		■	■	■		■	■	■	
아동활동치료		■	■	■		■	■	■		■	■	■

5) 홍보계획

대 상	홍보방법 및 횟수	활용매체	비 고
지역사회 주민	리플릿 등의 홍보물 제작, 12개 동 반상회 참석 사업 소개, 사업설명회 1회 실시 케이블 TV 연계 사례 소개	리플릿, 홍보 전단지, 케이블 TV, 언론매체	
타 복지기관	홈페이지 게시판, 이메일로 사업소개	인터넷	
지방자치단체	주민생활지원센터 생활지원과 분기별 방문, 리플릿 수시 제공	리플릿	

6) 지역자원 활용 계획

자원명	활용계획	비 고
경상남도 아동보호전문기관	학대가정 case 연계(네 가정), 양육기술 제공, 교육장소 제공	
경남대학교 사회복지학과	아동양육에 대한 부모교육 수업 제공, 대학생 자원봉사자 연계(8명)	
마산종합사회복지관	프로그램 실시를 위한 정보, 장소 제공	

5. 예산계획

(단위 : 원)

관	사업비							
항	공동모금회 "아동학대 예방을 위한 자녀양육기술교육" 사업비							
목	세목	계	산출근거	예산조달 계획				
				신청금액	비율(%)	자부담	비율(%)	자부담재원
총 계		15,467,000		12,368,000	100	3,099,000	100	
인건비	담당인력 야근수당	704,000	5,500원 × 담당인력 2명 × 1일 1시간 × 월 8일 × 8개월	704,000				
	담당인력 시간 외 수당	704,000	5,500원 × 담당인력 4명 × 1시간 1일 2시간 × 월 2회 × 8개월	704,000				
	소 계	1,408,000		1,408,000	11.4			
사업비	아동양육 기술지도 프로그램	1,920,000	자원봉사자 교통비 5,000원 × 대학생 3인 × 주 2회 × 64주	1,920,000				
	부모-자녀 간 역할연극 프로그램	640,000	자원봉사자 교통비/ 활동비 10,000원 × 대학생 4인 × 월 2회 × 8개월			640,000		
	아동 심리 상담, 지원	3,240,000	자원봉사자 교통비/ 활동비 10,000원 × 대학생 4인 × 월 4회 × 9개월	1,440,000				
			나들이 활동비(최대 월 2회) 1회 50,000원 × 월 2회 × 9개월 × 2팀	1,800,000				
	아동 활동치료 프로그램	5,499,000	놀이치료 교구비 찰흙 1개 800원 × 30개, 색종이 50매 1박스 7500원 × 2, 캘리그래피용 붓펜 3000원 × 14개, 무선 노트 3000원 × 6권			99,000		자체예산
			간식비 30,000원 × 10명 × 1주 1일 × 18주	4,000,000		1,400,000		자체예산
	소 계	11,299,000		9,160,000	74.1	2,139,000		
관리운영비	냉난방비	1,800,000	월 150,000원 × 12개월	1,800,000				
	전기료	960,000	전기 사용료 월평균 80,000 × 12개월			960,000		자체예산
	소 계	2,760,000		1,800,000	14.5	960,000		

Ⅳ. 독거노인의 고독사 방지를 위한 찾아가는 요리교실 “함께라서 맛있는 행복밥상”(서영애)

○ 사업개요

<table>
<tr><td>사업명</td><td colspan="3">독거노인의 고독사 방지를 위한 찾아가는 요리교실
“함께라서 맛있는 행복밥상”</td></tr>
<tr><td>사업기간</td><td>2016년 8월~2017년 3월(8개월)</td><td>서비스 지역</td><td>마산 합포구</td></tr>
<tr><td>서비스 대상</td><td>80세 이상 독거노인 중 국민기초생활보장 수급권자</td><td>실인원 수</td><td>10명</td></tr>
<tr><td>서비스 단가</td><td>1,080,800원(산출식 = 총사업비 ÷ 실인원)</td><td>투입인력</td><td>2명</td></tr>
<tr><td>사업목적</td><td colspan="3">1. 정서적 소외감을 겪고 있는 독거노인들의 소외감 감소와 삶의 즐거움을 도모하는 데 기여
2. 외부와의 단절로 낮은 자존감을 가진 은둔형 어르신들의 자기표현능력 및 대인관계능력과 생활만족도 향상
3. 건강 증대와 자존감 회복으로 우울감 감소와 고독사 방지</td></tr>
<tr><td>성과목표</td><td colspan="3">1. 요리교실 전과 비교하여 생활만족도 80점 이상 달성
2. 프로그램 참여 대상자의 새로운 이웃 2명 만들기
3. 올바른 감정표현으로 프로그램 전과 비교하여 30% 이상 스트레스 낮추기
4. 프로그램 전과 비교하여 부정적인 대답을 3개 이상 줄이기</td></tr>
<tr><td rowspan="4">주요 사업 내용 요약 (프로그램명 및 주요 시행내용)

※ 성과목표별 주요 프로그램 1개씩 기재</td><td>세부 프로그램명</td><td colspan="2">주요 내용</td></tr>
<tr><td>“함께 만들어 먹는 맛있는 한 끼“</td><td colspan="2">– 주 1회 요리활동(건강한 식단 레시피 활용)
– 활동일지 작성(대상자의 변화되어 가는 과정 관찰)</td></tr>
<tr><td>마음 나누기 (좋은 이웃 만들기/ 자유롭게 만들어 봐요)</td><td colspan="2">– 만든 음식 이웃과 나누어 먹기
– 프로그램에 참여하고 있는 대상자 소식 전해주며 서로 소통할 수 있는 연결고리 만들어 주기(연락처 교환)
– 요리과정 사진 찍어 미니앨범 만들기
– 요리활동을 통해 감정표현(밀가루로 만들기, 음식 데코레이션)</td></tr>
<tr><td>홀로서기 (현실적응)</td><td colspan="2">– 주 1회 방문하여 프로그램을 진행하는 동안 현실에 대해 이야기를 나누며 앞으로 어떤 방향으로 변화하고 있는지 알아보기
– 혼자할 수 있는 레시피 제공(1주일분)</td></tr>
</table>

<table>
<tr><td>예 산</td><td>총사업비</td><td>10,808,000원</td><td>신청금액</td><td>7,500,000원</td><td>자부담</td><td>3,308,000원</td></tr>
<tr><td rowspan="2">신청금액의 세부내역</td><td rowspan="2">인건비</td><td>1,000,000원</td><td rowspan="2">사업비</td><td>6,400,000원</td><td rowspan="2">관리운영비</td><td>100,000원</td></tr>
<tr><td>13%</td><td>85%</td><td>2%</td></tr>
</table>

1. 사업의 필요성

1) 대상자 욕구 및 문제점

현재 노인들은 가족구조, 가족기능의 변화와 수명연장으로 홀로 살아가야 하는 기간이 늘어나면서 빈곤과 무연고 노인의 수가 점점 증가하는 실정이다. 2014년 통계연보에 따르면, 마산합포구 독거노인 6,852명 중 1,371 명이 국민기초 생활보장 수급권자이며, 664명이 저소득 노인이다. 이들 중 노인주거복지시설 양로시설 1곳, 노인공동생활가정 1곳에 입소한 52명과 재가노인복지시설이용자 318명을 제외한 어르신들이 현재 홀로 지내고 계신다. 시민단체들은 한 해 동안 독거노인들 중 6~7백 명이 홀로 죽음을 맞이하고 있다고 한다. 방문하여 조사한 독거어르신의 현재 실생활 모습은 친구가 거의 없으며, 이웃 간의 교류도 전혀 이루어지지 않고 있었다. 그로 인해 스트레스가 많았으며 생활만족도 또한 일반가정의 노인들보다 매우 낮음을 알 수 있었다. 그리고 가장 많이 받고 있는 서비스는 안부전화서비스였지만 가장 필요하다고 얘기한 것은 식생활 부분이었다. 따라서 홀로 거주하시는 어르신들에게 찾아가는 요리교실은 정기적인 안전확인과 음식을 제공함은 물론 이웃과의 유대감을 높여 사회적으로 소외감을 해소시키고 최근 이슈인 고독사를 방지할 수 있는 효과를 보일 것이라 생각된다.

2) 지역 환경적 특성

2015년 4월 기준 마산합포구의 인구수는 181,918명이다. 이들 중 독거노인 수는 6,852명이며 80세 이상 인구수는 1,169명에 이른다.

한때 인구수 100만 명을 육박하던 이 간척도시 마산은 지난해 통계 40만 2,923명을 맞고 있다. 유입인구는 거의 없고 유출인구만 있는 도시 마산에서 지금껏 이 지역에서 살아오신 어르신들이 단절과 무관심으로 불행하게 생을 홀로 맞이하게 하는 지역사회는 결코 행복한 사회라 할 수 없다. 2013년 통계청 생명표에 따르면, 기대수명이 81.94세로 나타났다. 대부분 기대수명을 지난 어르신들과 지역의 복지시설(노인주거복지시설 52명, 재가노인복지시설 318명)을 이용하고 있는 370명을 제외하고는 새로운 계획이나 목표 없이 하루하루 무의미하게 지내고 있다. 지난 세월 급격한 산업화를 겪으며 힘겨운 삶을 살아온 공로자들인 우리 지역 어르신들이 적어도 죽음을 기다리는 노인들로 남게 한다면 이 지역사회에서 복지사회를 운운할 수 없을 것이다.

3) 경험적 근거

마산합포구는 5개 구청 가운데 노인 인구수가 27,496명(구청 인구 대비 15.1%)으로 가장 많은 곳이다. 마산합포구는 노인 인구 증가와 핵가족화로 돌봄이 필요한 거동불편 노인 발생이 증가하고 있어 지역병원과 연계해 의료혜택이 필요한 어르신을 직접 찾아가 의료서비스를 제공하는 지역밀착형 노인건강관리사업을 시작하기도 했다. 독거노인들은 신체적 몸뿐만 아니라 심리정서적 마음 모두를 치료받아야 하며, 이를 위한 독거노인 위안 체육대회도 17회를 넘어서고 있지만 기존의 유사 프로그램들과 더불어 마음을 치료하는 요리교실, 찾아가는 프로그램은 앞으로도 점차적으로 활성화되고 늘어나야만 한다.

4) 본 사업과 관련된 지역복지 자원 현황

마산합포구는 독거노인 현황과 실태파악에 도움을 줄 구청과 주민센터가 있으며, 마산노인종합복지관, 노인보호전문기관은 어르신들과 관련된 전반적인 정보와 효과적인 프로그램 실행을 위한 전문가 역할의 도움을 받을 수 있다. 그리고 어르신들의 안전업무를 담당해 줄 중부경찰서가 있다. 또한 좋은 음식, 레시피를 제공해 줄 수 있는 전문요리교실 3곳이 있으며 인근 경남대 자원봉사자 학생들이 많이 있다.

2. 서비스 지역, 서비스 대상 및 실인원 수

1) 서비스 지역

마산합포구(합포동, 산호동, 월영동, 문화동 등 전 지역)

2) 서비스 대상

마산합포구 내 독거노인

3) 서비스 대상 선정기준 및 방법

- 창원시 마산합포구 내 65세 이상 독거노인 중 국민기초생활보장 수급권자
- 창원시 마산합포구 내 독거노인 중 국민기초생활보장 수급권자 중 80세 이상 노인
- 대상자가 초과할 경우, 선정기준표와 참여의지를 바탕으로 대상자 선정

4) 실인원 수

대상구분	서비스 대상자 산출 근거	단위 수(명)
① 일반대상	창원시 마산합포구 거주 65세 이상 노인	23,251명
② 위기대상	일반대상 중 독거노인	6,852명
③ 표적대상	위기대상 중 국민기초생활보장 수급권자	1,371명
④ 실인원 수	표적대상 중 80세 이상(313명) 중 프로그램에 참여의지가 있는 어르신	10명

3. 사업 목적 및 목표

목 적	산출목표	성과목표
1. 정서적 소외감을 겪고 있는 독거노인들의 소외감 감소와 삶의 즐거움을 도모하는 데 기여	1-1. 요리교실 주 1회(6개월) 실시	- 요리교실 전과 비교하여 생활만족도 80점 이상 달성
2. 외부와의 단절로 낮은 자존감을 가진 은둔형 어르신들의 자기표현능력 및 대인관계능력과 생활 만족도 향상	2-1. 공감대 조성 및 유대관계 형성을 위한 주 2회 사전 답사(전화, 방문)	- 프로그램 참여 대상자의 새로운 이웃 2명 만들기
	2-2. 올바른 감정표현을 표출할 수 있게 하며 현실적 응도를 높임	- 올바른 감정표현으로 프로그램 전과 비교하여 30% 이상 스트레스 낮추기
3. 건강 증대와 자존감 회복으로 우울감 감소와 고독사 방지	3-1. 프로그램을 통하여 사회적 고립이나 불안을 줄임	- 프로그램 전과 비교하여 부정적인 대답을 3개 이상 줄이기

4. 사업내용

1) 세부사업 내용

성과목표	프로그램	활동(수행방법)	시행 시기	수행 인력	참여 인원	시행 횟수 · 시간
요리교실 전과 비교하여 생활만족도 80점 이상 달성	"함께 만들어 먹는 맛있는 한 끼"	- 주 1회 대상자 가정으로 찾아가 함께 요리활동 실시 - 전문가의 건강한 식단 레시피 활용 - 활동일지 작성을 통한 점검	9~2월	복지사 황○○ 1명 봉사자 최○○ 1명 강사 박○○ 1명	대상자 10명 ※ 한 조 2명으로 구성	6개월 주 1회 A조(월) B조(화) C조(수) D조(목) E조(금) - 11:00~14:00

<table>
<tr><td>프로그램 참여 대상자의 새로운 이웃 2명 만들기</td><td>마음 나누기
(좋은 이웃 만들기)</td><td>- 만든 음식 나누어 먹기(이웃)
- 전화로 연락하며 안부, 고민상담 프로그램 의견 등을 나누며 친해지기
- 프로그램에 참여하고 있는 대상자 소식을 전해주며 서로 소통할 수 있는 연결고리 만들어 주기(연락처 교환)
- 다른 대상자 가정 프로그램 진행 시 함께 방문
- 요리과정 사진 찍어 미니앨범 만들기</td><td>9~2월</td><td>복지사 황○○ 1명
봉사자 최○○ 1명
강사 박○○ 1명</td><td>대상자 10명
※ 한 조 2명으로 구성</td><td>6개월
주 1회
A조(월)
B조(화)
C조(수)
D조(목)
E조(금)
- 11:00~14:00</td></tr>
<tr><td>올바른 감정표현으로 프로그램 전과 비교하여 30% 이상 스트레스 낮추기</td><td>마음 나누기
(자유롭게 만들어 봐요)</td><td>- 주 1회 방문하여 프로그램 진행하는 동안 이혼, 사별 등 혼자 살아가면서 달라진 현실에 대한 불만과 문제에 대해 이야기를 나눈 후 요리과정을 통해 감정표현
- 밀가루 이용 모양 만들기
- 음식 데코레이션</td><td>9~2월</td><td>복지사 황○○ 1명
봉사자 최○○ 1명
강사 박○○ 1명</td><td>대상자 10명
※ 한 조 2명으로 구성</td><td>6개월
주 1회
A조(월)
B조(화)
C조(수)
D조(목)
E조(금)
- 11:00~14:00</td></tr>
<tr><td>프로그램 전과 비교하여 부정적인 대답을 3개 이상 줄이기</td><td>홀로서기
(현실적응)</td><td>- 주 1회 방문하여 프로그램을 진행하는 동안 현실에 대해 이야기를 나누며 앞으로 어떤 방향으로 변화하고 있는지 알아보기
- 혼자 할 수 있는 레시피 제공(1주일분)</td><td>9~2월</td><td>복지사 황○○ 1명
봉사자 최○○ 1명
강사 박○○ 1명</td><td>대상자 10명
※ 한 조 2명으로 구성</td><td>6개월
주 1회
A조(월)
B조(화)
C조(수)
D조(목)
E조(금)
- 11:00~14:00</td></tr>
</table>

2) 목표에 대한 평가방법

성과목표	목표에 대한 평가방법			
	성과지표	자료원	자료수집 방법	자료수집 시기
요리교실 시행 전과 비교하여 생활만족도 80점 이상 달성	만족도 점수 ※ 점수	복지관 사제조사	– 만족도 체크리스트 – 면담	수시
프로그램 참여대상자의 새로운 이웃 2명 만들기	새로운 이웃 연락처 수 ※ 전화번호 목록	대상자 조사	– 면담 – 폰확인	수시
올바른 감정표현으로 프로그램 전과 비교하여 30% 이상 스트레스 낮추기	스트레스 척도결과 ※ 점수	척도집	스트레스 및 한국형 노인 우울검사(K-GDS)	프로그램 후
프로그램 전과 비교하여 부정적인 대답을 3개 이상 줄이기	프로그램 전 절망척도 결과	척도집	– Beck의 절망 척도 (BHOP) – 미래에 대한 부정적이고 비관적인 생각을 측정 – "예/ 아니요"로 대답하는 자기보고형 척도	프로그램 전후

3) 담당인력 구성

이름 (역할)	담당부서/ 직위	투입시간 (단위 : 1주일)	경력(년)/ 주요 업무	자격증 (신청사업 관련)
서○○ (슈퍼바이저)	노인 복지팀 팀장	15시간	– ○○종합복지관 10년/ 노인복지담당 – ○○노인보호전문기관 1년/ 상담원 – 2014년 '독거노인 돌보미사업' 참여 – 현) 재가복지 기획 및 홍보담당	– 사회복지사 1급 – 운전면허 1종 보통
황○○ (담당)	노인 복지팀 사회복지사	15시간	– ○○종합복지관 3년/ 재가복지담당	– 사회복지사 2급 – 미술상담치료사 1급 – 운전면허 1종 보통

4) 사업진행 일정

내용 \ 기간		2015년 8월	9월	10월	11월	12월	2016년 1월	2월	3월
준비단계	사업계획	→							
	대상자 선정	→							
실행단계	행복밥상		→	→	→	→	→	→	
	좋은 이웃 되기		→	→	→	→	→	→	
	감정표현		→	→	→	→	→	→	
	현실적응		→	→	→	→	→	→	
평가단계	사업평가/ 보고서 작성								→

5) 홍보계획

대 상	홍보방법 및 횟수	활용매체	비 고
지역사회 주민	- 지역주민을 대상으로 본 사업의 취지 및 활동전개 방안 등에 관한 리플릿 제작을 통한 배부(10회/ 1회 2시간) - 복지관에 설명회 실시	리플릿 · 전단지	
타 복지기관	- 본 복지관 홈페이지를 통한 홍보 - 프로그램에 대한 결과보고서 제작홍보(연 1회) - 경상남도 노인복지관 배부	인터넷	
지방자치 단체	- 주민생활지원센터 생활지원과 방문 리플릿 제공	리플릿	

6) 지역자원 활용 계획

자원명	활용계획	비 고
○○○요리학원	요리 레시피/ 건강식단 공유	
○○대학교 사회복지학과	대학생 자원봉사자 연계(10명)	
○○○자원봉사센터	자원봉사자 추천 및 확보(10명)	
주민자치센터	본 사업에 대한 홍보	

5. 예산계획

(단위 : 원)

관	사업비							
항	공동모금회 "함께라서 맛있는 행복밥상" 사업비							
목	세 목	계	산출근거	예산조달 계획				
				신청금액	비율(%)	자부담	비율(%)	자부담재원
총 계		10,808,000		7,500,000	100	3,308,000	100	
인건비	전담 인력수당	2,808,000	실외 프로그램 시 초과수당 2명 × 1시간 6,500원 × 1일 3시간 × 월 12회 × 6개월	1,000,000	13	1,808,000	55	
	소 계	2,808,000		1,000,000		1,808,000		
사업비	"함께 만들어 먹는 맛있는 한 끼" 프로그램	6,100,000	음식재료 식단에 따라 30,000원 × 주 5회 × 4주 × 6개월 도구 휴대용 가스버너 15000원 × 2개 3종 냄비세트 30000원 프라이팬 2개 20000원 조리도구 20000원	5,100,000	68	1,000,000	30	

			강사비 50,000원 × 주 1회 × 4주 × 6개월 차량운행 주 5회 × 10,000원 × 4주 × 6개월					
사업비	마음 나누기 프로그램	1,300,000	과일(데코레이션용/ 이웃선물) 10,000원 × 주 5회 × 4주 × 6개월 일회용(이웃선물) 도시락 5개 1,250 × 4주 × 6개월 미니앨범 5,000 × 10명 = 50,000원 사진인화 20,000원	1,300,000	17			
	홍보, 평가	500,000	결과보고서 제작 인쇄비 5,000원 × 80부 × 1회 홍보 전단지, 리플릿 제작 100,000원			500,000	15	
	소 계	7,900,000		6,400,000		1,500,000		
관리운영비	전화비	100,000	2015년 8월~2016년 3월 총 8개월 100,000원	100,000	2			
	소 계	100,000		100,000				

Ⅴ. 창원시 자살시도경험 청소년을 위한 자살예방 프로그램(박현지)

1. 사업의 필요성

1) 대상자 욕구 및 문제점

◈ 자살문제 원인의 해결이 잘 이루어지지 않은 청소년

전국 청소년 중 48.6%가 자살충동을 느꼈고, 이 중 13.7%는 구체적으로 자살방법을 생각해 보았으며, 6.4%는 실제로 자살시도를 했다고 한다(한국청소년상담원).

청소년들이 자살하는 원인을 살펴보면 대인관계문제, 가정불화, 학업 스트레스, 낮은 자아존중감 등으로 매우 다양하다. 특히 청소년기에는 자신의 고민이나 불안한 감정 등을 스스로 잘 해결하지 못하거나 자신의 부정적인 감정을 잘 다스리지 못하고 충동적으로 행동하는 경우가 있다. 이러한 청소년기의 심리적 미성숙함과 가정환경, 사회적 지지요인, 정서적 요인들이 청소년의 자아존중감에 영향을 미쳐 자살로 이어질 수 있다. 청소년의 자살은 자살시도를 했던 개인에게도 신체적·정신적 후유증을 줄 수 있고, 주변 사람들에게 심리적으로도 부정적인 영향을 미친다. 또한 생명에 대해 부정적 가치관을 갖게 하거나 죽음에 대한 의지가 생길 수도 있고, 사회적으로도 경제적 손실, 모방자살이나 사회불안 등의 문제가 발생할 수 있다.

① 청소년의 자녀를 둔 부모를 대상으로 하루에 얼마나 많은 의사소통을 하는지에 대해 조사를 한 결과 거의 대화를 나누지 못한다(13.2%), 하루 평균 30분 미만(40.3%), 하루 평균 30분~1시간 미만(31.7%), 하루 평균 1~2시간 미만(10.9%), 하루 평균 2시간 이상(4.0%)으로 하루 1시간 이상 대화를 하는 비율은 1시간 미만보다 적은 비율로 나타났다(통계청). 이를 바탕으로 가정불화가 있는 환경 속에서의 자녀와 부모 간의 의사소통 시간이 더 적을

것이라고 예상되고, 가족관계에 있어 상호작용하는 데에 어려움이 있을 수 있으며, 자녀에게도 부정적으로 영향을 미칠 수 있다. 청소년들이 가정 안에서 편안함을 느끼고, 부모를 믿고 의지할 수 있도록 하는 것이 자살예방에 있어서 필요한 부분이다.

② 자아존중감이 낮은 청소년들은 섭식장애, 우울증, 자살과 비행 등의 문제를 초래하는 경향이 높게 나타날 수 있고, 청소년들에게 부정적인 정신건강을 가져다 준다. 특히 저하된 자아존중감은 청소년에게 부정적인 행동을 유발할 수 있으며, 우울이나 절망감 등의 부정적인 정서를 고조시킴으로써 청소년의 자살행동에 간접적인 영향을 미칠 수 있다. 자살생각을 경험한 청소년이 그렇지 않은 청소년에 비해 자아존중감이 낮은 것으로 나타나는 것으로 보고되는데, 이러한 낮은 자아존중감을 가진 청소년은 우울, 불안 등의 정서장애와 낮은 성취수준을 보이며, 대인관계가 원만하지 못하여 다른 사람과 관계를 맺는 데 서투르고 이를 회피함으로써 고립된다고 한다.

③ 국내 중·고교 학생을 대상으로 현재 우리나라의 생명은 어느 정도 존중된다고 생각하는지 물어본 연구결과, 응답자 중 약 70%가 우리나라에서 생명존중이 그저 그렇다 또는 존중되지 않는다고 답했다. 생명존중에 대해 교육을 받았거나 들어본 적이 있는지를 물어본 결과, 있다(51.7%), 없다(26.6%), 기타(21.7%)라고 답하였다. 이는 청소년들이 주로 학교나 언론을 통해 낙태, 성교육을 받은 것이 고작이고, 생명존중교육을 받지 않은 청소년들이 많았고, 받았다고 하더라도 어떤 내용인지 기억 못할 정도로 교육의 효과가 미비하였음을 보여준다. 생명존중교육을 실시하는 것에 찬성(71.3%), 반대(28.7%)로 청소년들은 생명존중교육의 필요성을 느끼고 있지만 근본적으로 생명존중교육을 왜 해야 하는지에 대해 잘 인식하지 못하고 있다. 중학교 학생 300명을 대상으로 설문조사를 실시한 결과, 사람은 자살할 권

리가 있다는 질문에 찬성(56.6%), 반대(23.3%)로 나타났다. 또한 불치병에 걸린 사람이 자살하려고 한다면 도와줘야 한다는 질문에 50%가 찬성을 했다. 이는 청소년들이 자살이 힘든 상황을 해결해 주는 것은 아니지만, 그렇다고 해서 반드시 해서는 안 되는 행동으로 여기고 있지 않다는 것을 보여준다. 따라서 생명의 의미가 무엇인지, 그 의미에 대해 이해시켜주는 것이 필요하며, 생명에 대한 긍정적인 가치관과 소중함을 갖게 할 수 있는 교육이 필요하다.

④ 경상남도 일반 중・고교에 재학 중인 청소년을 대상으로 자살태도를 알아본 결과, 자살은 예방할 수 있다(78.2%)로 자살의 예방가능성에 대해 긍정적으로 대답하였지만, 자살의 권리인정 여부 혹은 자살의 금기 여부(찬성 25.1%, 반대 38.0%), 자살의 정당성(미결정 40.3%)의 의견에 대해 확신이 없거나 최종 의견을 결정하지 못한 것으로 나타났다. 자살이 예방될 수 있다는 믿음에 비해 자살에 대한 가치관이 명확하지 않다는 것을 알 수 있다. 이에 따라서 올바른 자살에 대한 태도를 확립할 수 있도록 할 수 있는 교육적인 지도와 단순한 감정적인 대응이 아니라 실질적이고 현실적인 해결방안이 필요하다.

청소년들은 문제를 스스로 해결하는 것이 어렵거나 해결방안을 잘 모를 뿐더러 자살에 대한 심각성을 잘 인식하지 못하고 있고 또한 자살에 대한 대처능력이 부족하며, 자살예방서비스의 이용방법에 대해서도 잘 모르고 있다. 이에 관련된 프로그램을 실시하여 청소년들이 자살위험에 놓여있을 때 대처할 수 있는 능력을 가지게 하여 자살예방을 하고자 한다.

2) 지역 환경적 특성

청소년전화1388을 모른다(10.5%), 알고 있는데 이용방법을 모른다(9.4%), 이용해 본 적 있다(0.4%)로 나타났으며, 청소년상담센터에 대해 잘 안다(4.3%), 알고 있는데 이용방법을 모른다(9.3%), 모른다(6.4%)의 비율로, 창원정신건강증진센터나 상담복지센터에서 제공되는 여러 가지 서비스가 있지만 잘 모르거나 직접적으로 이용하는 학생의 수가 많지 않다(국가통계포털).

3) 경험적 근거

창원시에서는 청소년 상담복지센터와 1388청소년지원단과 연계하여 사업을 운영하고 있다. 또한 창원지역의 학교를 대상으로 학교폭력사업과 취약청소년 사업, 학업중단청소년 진로사업 등을 실시하였고, 청소년동반자 교육 프로그램, 사이버상담, 전화상담 등의 서비스를 진행하고 있다. 청소년사이버상담센터 1388의 전화상담과 같은 경우 전화수신 상태의 문제나 불친절 등의 문제점이 있다고 한다.

4) 본 사업과 관련된 지역복지 자원 현황

창원시에는 정신건강상담, 재활 및 청소년 정신건강 및 자살예방 사업을 담당하는 창원정신건강증진센터가 있고, 자살예방교육, 사이버상담, 진로탐색 프로젝트 등을 시행하는 창원시 청소년상담복지센터, 창원시 마산보건소 정신보건센터나 상담복지센터에서 제공되는 여러 가지 서비스가 있지만 잘 모르거나 직접적으로 이용하는 학생의 수가 많지 않다. 상담복지센터, 진해청소년상담복지센터별로 각각 운영되고 있다.

2. 서비스 지역, 서비스 대상 및 실인원 수

1) 서비스 지역

경상남도 창원시

2) 서비스 대상

창원시 중 · 고등학교에 다니고 있는 청소년

3) 서비스 대상 선정기준 및 방법

- 자살시도의 경험이 있는 청소년
- 자살위험에 노출되어 있거나 자아존중감의 정도가 매우 낮은 청소년 중 프로그램 참여에 희망하는 청소년
- 대상자가 초과될 경우 위험대상군 순으로 선발

4) 실인원 수

대상구분	서비스 대상자 산출근거	단위 수(명)
① 일반대상	창원시 중 · 고등학교에 다니는 청소년	75,000명
② 위기대상	자살에 대해 생각을 해본 경험이 있는 청소년	22,500명
③ 표적대상	자살위험에 노출되어 있는 청소년	900명
④ 실인원 수	표적대상 중 자살시도를 해본 경험이 있거나 프로그램에 참여하길 바라는 청소년	30명

3. 사업 목적 및 목표

목 적	산출목표	성과목표
1. 청소년 자살위험을 극복하기 위한 가족기능 강화	1-1. 월 2회 부모상담 및 교육	가족 간의 관계에 대한 만족도 30% 향상 및 가족 간의 대화시간 30분 이상 증가
	1-2. 월 1회 가족관계 개선 프로그램	
	1-3. 월 1회 요리 프로그램	
2. 비슷한 고민을 가져보았던 멘토와의 상담 및 학생과의 상담을 통한 심리적 유대감 및 안정감 향상	2-1. 월 2회 멘토상담	상담 전후 비교를 통한 유대감 증대 및 사회능력 20% 향상
	2-2. 월 2회 또래집단 상담	
3. 봉사활동을 통해 자신감과 자아존중감 향상	3-1. 월 2회 노인복지센터 봉사활동	봉사활동 참여 전후 비교를 통한 자아존중감 20% 이상 증가
	3-2. 월 2회 지역아동센터 봉사활동	
4. 자살문제의 심각성과 생명의 소중함에 대한 인식	4-1. 월 2회 자살교육 프로그램	위기상황에서의 대처능력의 유무 및 생명에 대한 존중감 30% 향상
	4-2. 월 2회 생명존중 프로그램	

4. 사업내용

1) 세부사업 내용

성과목표	프로그램	활동 (수행방법)	시행 시기	수행 인력	참여 인원	시행 횟수·시간
	부모 상담 및 교육	– 전문상담사와의 상담을 통해 부모와 자녀 간의 문제점 인식 – 가족 스스로가 문제점을 해결할 수 있도록 방안을 제시 – 상담을 통한 방안들을 가정에서 적용하도록 하기 – 상담사를 통한 문제해결에 대한 검토	3~10월	심리 상담사 2명 사회 복지사 2명	최대 20명	1일 1시간 월 2회

가족관계에 대한 만족도 30% 향상 및 가족 간의 대화시간 20분 이상 증가		– 매월 두 번째 회기마다 가정에서 일어나는 문제점 또는 개선된 점에 대해 면담				
		– 자녀와의 올바른 의사소통 기술 습득을 위한 교육 실시(시청각 자료 활용) – 비언어적 의사소통(제스처, 신체 자세, 표정, 음성의 고저, 언어의 배열, 리듬, 억양 등)에 대해 이해하기 – 매월 두 번째 회기마다 가정에서 의사소통이 잘 이루어지고 있는지에 대해 면담 – 교육 종료 후 설문지 작성 – 다과 제공 – 모임시간을 미리 제공하여 날짜 결정 – 매월 둘째, 넷째 주 토요일(10명), 일요일(10명) 오후 2시				
		※ 부모 중 최소 1명은 참여, 상담일지를 통한 프로그램 출석 여부 확인				
	가족관계 개선 프로그램	– 가족 간의 관심도 증진을 위한 프로그램 실시(집단으로 실시) – 가족대화법에 대한 교육 실시 – 부모와 자녀가 서로의 장단점 찾기, 자녀의 장점 발표, 가족계획 세우기 등 – 주제(취미, 좋은 추억 등)에 대해 가족끼리 이야기하기 – 마지막 8회기 교육 후 설문지 작성 – 다과 제공 – 모임시간을 미리 제공하여 날짜 결정 – 매월 셋째 주 토요일 오후 2시	3~10월	사회 복지사 2명	최대 30명	1일 1시간 월 1회
	요리 프로그램	– 부모와 자녀가 함께 요리하는 프로그램 실시 – 요리와 시식에 필요한 재료와 도구들은 복지관 내에 자체 구비 – 만드는 데 간단하고 위험하지 않	4월/ 7월/ 10월	사회 복지사 2명	최대 30명	1일 2시간 월 1회

		은 요리들(샌드위치, 김밥, 떡볶이)로 선정 – 시식 후 함께 정리하기 – 프로그램 종료 후 참여소감 말하기, 아쉬웠던 점, 보완해야 할 점에 대해 이야기 나누기 – 모임시간을 미리 제공하여 날짜 결정 – 매월 둘째 주 토요일, 일요일 오전 11시 30분				
	※ 가족관계에 문제의 원인이 있다고 판단되는 청소년을 대상으로 프로그램 실시					
상담 전후 비교를 통한 유대감 증대 및 사회능력 20% 향상	멘토 상담	– 멘토가 되는 봉사자에 대하여 상담에 대한 사전교육 실시 – 비슷한 고민을 가졌던 멘토와의 상담을 통해 조언을 얻고, 정서적 안정 가지기 – 편안한 장소 제공 – 다과 제공 – 상담일지를 통해 상담참여 여부 확인(상담일지는 당일 제출) – 봉사자에게 봉사료 지급 – 매월 첫째, 넷째 주 토요일(시간 협의)	3~11월	대상자의 멘토가 될 수 있는 봉사자 15명 사회복지사 2명	30명	1일 1시간 월 2회
	또래집단 상담	– 비슷한 처지 또는 문제를 가진 또래와의 집단상담을 통해 외로움 극복(15명 2팀) – 타인과 의사소통하는 법, 타인에 대한 이해와 신뢰, 긍정적인 시각을 가지기 – 스트레스 해소방법을 알고 서로 공유하기 – 편안한 장소 제공 – 다과 제공 – 상담일지를 통해 상담참여 여부 확인 – 매월 첫째, 넷째 주 일요일 오후 2시	3~11월	심리 상담사 2명	30명	1일 1시간 월 2회

봉사활동 참여 전후 비교를 통한 자아존중감 20% 이상 증가	노인복지센터 자원봉사	– 독거노인을 대상으로 말벗 되어 주기, 산책, 전화서비스 등의 봉사활동 실시 – 봉사활동 후 봉사활동기록지를 서로 공유하고 소감 나누기 – 교통비 지원 – 방학시간 활용	7~8월	사회복지사 1명 자원봉사자 5명	25명	1일 1시간 월 2회
	지역아동복지센터 자원봉사	– 빈곤아동을 돕는 봉사활동 실시 – 교육적인 체험활동 함께 하기, 이야기 나누기 등 – 봉사활동 후 봉사활동 기록지를 서로 공유하고 소감 나누기 – 교통비 지원 – 방학시간 활용	7~8월	사회복지사 1명 자원봉사자 5명	25명	1일 1시간 월 2회
		※ 봉사활동에 참여할 의사가 있는 청소년을 대상으로 실시, 프로그램 참여 전후 설문지 작성				
위기상황에서의 대처능력의 유무 및 생명에 대한 존중감 30% 향상	자살예방 교육 프로그램	– 자살에 대한 이해를 위한 교육 실시(자살의 특징, 자살징후, 자살요인 등에 대한 교육) – 프로그램 관련 교재 제공	2월/12월	사회복지사 1명 외부강사 1명 자원봉사자 3명	30명	1일 1시간 월 2회
		– 자살 위기상황 시 대처방법에 대한 교육 실시(학교 내 관리시스템, 학교 밖 연계시스템 등 서비스 체계에 대한 숙지를 위한 교육)				
		– 1회기 : 자살예방교육(1차) 프로그램 실시 – 2회기 : 재교육 후, 집단활동(토론, 퀴즈)을 통해 자살예방에 대한 이해력 높이기 – 3회기 : 자살예방교육(2차) 프로그램 실시 – 4회기 : 재교육 후, 집단활동(토론, 자기 다짐)을 통해 정보에 대한 숙지 여부 확인 및 소감 나누기 – 방학시간 활용 – 첫째, 둘째 주 금요일 오후 2시				
		※ 2, 4회기 : 재교육 후 잘 숙지하고 있는지에 대해 확인 및 설문지 작성				

	생명존중 프로그램	- 전문기관과의 연계를 통한 생명존중교육 실시(한국자살예방협회, 사랑의전화 등 전문기관 프로그램 활용) - 프로그램 관련 교재 제공	2월/12월	사회복지사 1명 외부강사 1명 자원봉사자 3명	30명	1일 1시간 월 2회
		- 교육 후에 자신에게 있었던 일들에 대해 의견 나누기 - 마지막 프로그램 종료 후 설문지 작성 - 방학시간 활용 - 셋째, 넷째 주 금요일 오후 2시				

2) 목표에 대한 평가방법

성과목표	목표에 대한 평가방법			
	성과지표	자료원	자료수집 방법	자료수집 시기
가족관계에 대한 만족도 30% 향상 및 가족 간의 대화시간 30분 이상 증가	- 가족관계 만족도 증가량(가족관계척도) - 가족과의 1주 평균대화 횟수의 변화 - 프로그램 참여율	프로그램 참여자(부모, 가족), 사회복지사	- 부모와의 면담 - 가족관계 상태 관찰 - 프로그램 참여 여부 확인	3~10월
상담 전후 비교를 통한 유대감 증대 및 사회능력 20% 향상	- 타인과의 의사소통 횟수 증가량 - 상담참여 횟수 - 사회능력 증가량[아동·청소년 행동평가척도(K-CBCL)]	프로그램 참여자, 척도지	- 프로그램 참여자와의 면담 - 청소년 상태 관찰 - 프로그램 참여 여부 확인 - 척도지 점검	3~12월
봉사활동 참여 전후 비교를 통한 자아존중감 20% 이상 증가	- 자원봉사 체험 여부 - 자아존중감 증가량(자아존중감척도)	봉사활동 기록지, 척도지	- 봉사활동기록지 점검 - 척도지 점검	7~8월

위기상황에서의 대처능력의 유무 및 생명에 대한 존중감 30% 향상	- 자살생각에 대한 감소량(레이놀즈 자살생각척도) - 대처능력에 대한 정보의 인지량 - 생명존중감 증가량(설문지)	척도지, 프로그램 참여자, 설문지	- 척도지 점검 - 참여자의 대처능력 유무 확인 - 설문지 점검	3월, 10월 말 프로그램 참여 전후(설문지)

3) 담당인력 구성

이름(역할)	담당부서/직위	투입시간(단위 : 1주일)	경력(년)/ 주요 업무	자격증(신청사업 관련)
박은구(주 담당)	정신보건 사회복지사	4시간	- ☆☆청소년상담센터 5년 - ㅁㅁ정신건강증진센터 2년/ 상담원	사회복지사 1급, 정신보건사회복지사 1급
정달인(부 담당)	사회복지사	4시간	- ◇◇청소년상담센터 2년/ 청소년복지 담당 - ㅁㅁ종합사회복지관 2년	사회복지사 1급, 청소년상담사 2급
이무빈(부 담당)	사회복지사	4시간	- ◇◇종합사회복지관 3년/ 청소년복지 담당 - ㅁㅁ종합사회복지관 1년	사회복지사 1급, 청소년지도사 1급
김금비(전문가)	심리상담사	2시간	- ♡♡건강가정지원센터 3년/ 상담원 - ㅁㅁ종합사회복지관/ 가족상담 담당	사회복지사 2급, 심리상담사 1급
윤파랑(전문가)	심리상담사	2시간	- ☆☆정진건강증진센터 3년/ 가족상담 담당 - ○○종합사회복지관 2년	심리상담사 1급

4) 사업진행 일정

내 용 \ 기 간	2015년 1월	2월	3월	4월	5월	6월	7월	8월	9월	10월	11월	12월	2016년 1월
사업 세부계획 수립	■												
대상자 선정		■											
부모교육 및 상담			■	■	■	■	■	■	■	■			
가족관계 개선 프로그램			■	■	■	■	■	■	■	■			
요리 프로그램				■			■			■			
멘토상담			■	■	■	■	■	■	■	■	■		
또래집단 상담			■	■	■	■	■	■	■	■	■		
노인복지센터 자원봉사							■	■					
지역아동복지센터 자원봉사							■	■					
자살교육 프로그램		■										■	
생명존중 프로그램		■										■	
중간평가 및 검토		■	■	■	■	■	■	■	■	■	■	■	
사업평가, 보고서 작성													■

5) 홍보계획

대 상	홍보방법 및 횟수	활용매체	비 고
지역 내의 중 · 고등학교	가정통신문, 문자 발송, 학교 홈페이지 게시판	가정통신문, 인터넷	
타 복지 기관	홈페이지 게시판, 이메일로 사업소개, 사업설명회 2회, 리플릿 제공	인터넷, 리플릿	

6) 지역자원 활용계획

자원명	활용계획	비 고
AA종합복지센터	장소활용(대형 강의실 2개)	
BB대학교 심리학과	멘토 프로그램에 참여할 대학생 자원봉사자 연계(15명)	
CC자원봉사센터	멘토 프로그램에 맞는 자원봉사자 확보(16명)	
창원시 내 중 · 고등학교 및 DD청소년상담센터	본 사업의 참여대상 발굴 및 상담서비스를 제공할 전문가 발굴	
EE자살예방협회	본 사업에 사용되는 프로그램 연계	

5. 예산계획

(단위 : 원)

관	사업비							
항	"자살예방 프로그램" 사업비							
목	세 목	계	산출근거	예산조달 계획				
				신청금액	비율(%)	자부담	비율(%)	자부담재원
총 계		16,205,200		12,908,500	100	3,296,700	100	
사업비	부모 상담 및 교육	4,640,000	상담비용 130,000원 × 2명 × 2회 × 8개월 = 4,160,000원 다과비 3,000원 × 20명 × 1회 × 8개월 = 480,000원	4,640,000	36			
	가족관계 개선 프로그램	720,000	다과비 3,000원 × 30명 × 1회 × 8개월 = 720,000원	720,000	5.6			

	요리 프로그램	848,500	샌드위치 재료비 (재료는 빵, 햄, 치즈, 양상추, 드레싱소스, 계란, 마요네즈 1인분 기준) 3,000원 × 30명 × 1회 × 3개월 = 270,000원 김밥 재료비 (재료는 쌀, 김, 햄, 당근, 계란, 시금치, 참기름 1인분 기준) 3,500원 × 30명 × 1회 × 3개월 = 315,000원 떡볶이 재료비 (떡, 어묵, 고추장, 설탕, 소금, 간장, 물엿, 대파, 고춧가루, 케첩 1인분 기준) 2,000원 × 30명 × 1회 × 3개월 = 180,000원 가스버너 13,500원 × 5개= 67,500원 식용유 3,210원 × 5개 = 16,050원	848,500	6.6			
	멘토 상담	2,430,000	자원봉사자 관리비 6,000원 × 15명 × 2회 × 9개월 = 1,620,000원 다과비 3,000원 × 30명 × 1회 × 9개월 = 810,000원	810,000	6.3	1,620,000	49.2	
	또래집단 상담	5,490,000	상담비용 130,000원 × 2명 × 2회 × 9개월 = 4,680,000원 다과비 3,000원 × 30명 × 1회 × 9개월 = 810,000원	5,490,000	42.5			
	노인복지 센터 자원봉사	264,000	교통비 2,200원 × 30명 × 2회 × 2개월 = 264,000원			264,000	8	

	지역아동 복지센터 자원봉사	264,000	교통비 2,200원 × 30명 × 2회 × 2개월 = 264,000원			264,000	8	
	자살예방 교육 프로그램	490,000	강사비 100,000원 × 1명 × 2회 × 2개월 = 400,000원 교재비 3,000원 × 30개 = 90,000원	200,000	1.5	290,000	8.8	
	생명존중 프로그램	520,000	강사비 100,000원 × 1명 × 2회 × 2개월 = 400,000원 교재비 4,000원 × 30개 = 120,000원	200,000	1.5	320,000	9.7	
	소 계	15,666,500		12,908,500	100	2,758,000	83.7	
관리운영비	사무 용품비	128,700	A4용지 1000매 = 11,200원 사인펜 12색 2,400원 × 10개 = 24,000원 색연필 12색 2,450원 × 10개 = 24,500원 볼펜 900원 × 50개 = 45,000원 설문지 인쇄비 50원 × 480장 = 24,000원			128,700	3.9	자체
관리운영비	홍보비	350,000	리플릿 350원 × 1,000부 = 350,000원			350,000	10.6	자체
관리운영비	잡지출	60,000	음료 2,000원 × 10개 × 3개월 = 60,000원			60,000	1.8	자체
관리운영비	소 계	538,700				538,700	16.3	

참 / 고 / 문 / 헌

경남사회복지공동모금회(2008). 2008 배분사업 설명회.

김상곤 · 최승희 · 안정선(2012). **사회복지프로그램 개발과 평가**. 서울 : 학지사.

김영종(2003). **사회복지행정**. 서울 : 학지사.

김통원(1999). 평가 아카데미 통신교육자료. 미간행.

_____(2003). **사회복지 프로그램 개발과 평가**. 서울 : 학지사.

노화준(1999). **정책분석론**(전정판). 서울 : 박영사.

사회복지공동모금회(2015). 2016 배분사업 안내.

우수명(2007). **TP 사회복지 Program 개발과 평가**. 서울 : 인간과 복지.

이창호(1991). 사회복지서비스 프로그램의 계량화 : 프로그램 평가 및 책임성 계획의 과학적 모델을 중심으로. **사회복지연구**, 3, 169-200.

정규서 · 강태룡(1990). **기획론**. 서울 : 대왕사.

정남구(2008). **통계가 전하는 거짓말 : 우리는 날마다 '숫자'에 속으며 산다**. 서울 : 시대의창.

정무성(1998). **사회복지 프로그램 개발 및 평가전략**. 춘계학술대회 및 수련교육(pp. 121-134). 한국정신보건사회복지학회 학술대회 자료집.

정무성 · 정진모(2001). **사회복지 프로그램 개발과 평가**. 서울 : 양서원.

최일섭 · 이창호(1993). **사회계획론**. 서울 : 나남.

최재성 · 최상미(2008). 사회복지서비스 원가분석의 방법과 과제 : 장애인복지관의 사례를 중심으로. **한국사회복지학**, 60(1), 233-250.

한국개발연구원(2004). **공공부문의 성과관리**. 서울 : 한국개발연구원.

황성철(2005). **사회복지 프로그램 개발과 평가**. 경기 : 공동체.

Coley, Soraya M., & Scheinberg, Cynthia A. 정무성 역(1998). (사회복지) **프로포절 작성법**. 서울 : 아시아미디어리서치.

Gilbert & Specht(1977). *Planning for Social Welfare*. Englewood Cliffs, NJ : Allyn and Bacon.

Glueckauf, R. L., Sechrest, L. B., Gray, R., & McDonel, E. C.(1993). *Improving Assessment in Rehabilitation and Health*. NY : Sage Publication.

Gross, M. J., Warshaur, W., & Larkin, R. F.(1991). *Financial and accounting guide for non-for-profit organization*(4th ed.). New York : John Wiley & Sons, Inc.

Kahn, A. J.(1969). *Theory and Practice of Social Planning*. NY : Sage Publication.

Kaplan & Norton. 송경근 · 성시중 역(1998). **가치실현을 위한 통합경영지표 BSC**. 서울 : 한언.

____________. 웨슬리퀘스트 역(2004). *Stratgy Maps*. 경기 : 21세기북스.

Kettner, Peter M., Moroney, Robert M., & Martin, Lawrence L.(2013). *Designing and Managing Programs : An Effectiveness-Based Approach*(4th ed.). NY : Sage Publications.

Lauffer, Armand(1978). *Social Planning at the Community Level.* Upper Saddle River, NJ : Prentice–Hall.

Martin, L. Lawrence, & Peter M. Kettner(1996). *Measuring the Performance of Human Service Programs.* SAGE HUMAN SERVICES GUIDES 71. Sage.

Mayo, T.(1990). *Performance Indicator for Community Organizations.* Council of Social Service of New South Wales.

Pawlak, J. Edward, & Robert D. Vinter(2004). *Designing & Planning Programs for Nonprofit & Government Organizations.* California : Jossey-Bass.

Rossi, P. H., & Freeman, H. E.(1993). *Evaluation : a Systematic Approach.* Beverly Hills : Sage Publications.

Taber, M., & D. Finnegan(1980). *Realistic Program Goals and Objectives : Outcome of an Analytic Process.* Illinois : University of Illinois at Urbana–Champaign, unpublished paper.

Taber, Merlin A.(1988). A Theory of Accountability for the Human Services and the Implications for Social Program Design. *Administration in Social Work, 11*, 115-126.

University of Kansas(2004). Work Group on Health Promotion and Community Development. Community Tool Box. http://ctb.ku.edu/

York, Reginald O.(1982). *Human Service Planning : Concepts, Tools, and Methods.* Chapel Hill, NC : The University of North Carolina Press.

저/자/약/력

■ **신원식**

경남대학교 사회복지학과에 재직 중이며, 경상남도사회복지공동모금회 배분분과 실행위원장으로 활동한바 있다. 경남고용복지센터, 진해노인종합복지관 운영위원 등의 활동으로 지역사회의 사회복지현장과 함께하고자 노력하고 있다. 사회복지 프로그램 개발과 평가, 사회복지행정론, 사회보장론 등의 과목을 강의하고 있으며, 주요 저서로는 '한국 사회복지의 정치경제학' 등이 있다.

■ **신근화**

경남대학교 사회복지학과에서 강의하고 있으며, 여성회관, 청소년상담복지센터 등 사회복지현장에서 활동한 적이 있다. 보건복지부의 사회서비스사업, 경상남도의 노인복지사업단 등에 참여하였으며, 주요 논문으로는 '독거노인의 사회적 배제 인식유형에 관한 연구'가 있다.

사회복지 프로그램 개발과 평가

– 제안서 작성의 실제 –

|공저자| 신원식 · 신근화

|1판 1쇄| 발행 2016년 3월 25일
|1판 2쇄| 발행 2017년 3월 15일
|1판 3쇄| 발행 2019년 3월 5일
|1판 4쇄| 발행 2020년 3월 30일
|1판 5쇄| 발행 2021년 3월 15일
|1판 6쇄| 발행 2022년 2월 25일
|1판 7쇄| 발행 2023년 2월 28일
|1판 8쇄| 발행 2023년 8월 10일
|1판 9쇄| 발행 2026년 1월 20일

|발행인| 김 동 훈
|발행처| 공 동 체

|주소| 경기도 고양시 일산동구 호수로 358-39, 동문타워 I 905호(백석동)
|전화| 031) 814−3000(대표)
|팩스| 031) 814−3100
|홈페이지| http://www.compub.co.kr
|전자우편| compub@naver.com
|출판등록| 2005년 10월 6일
|등록번호| 제396-2005-36호

|ISBN| 978−89−6352−910−3
정가 16,000원